Manuel Bonilla

Un llamado, un impacto, una generación

por

Héctor Teme

GRUPO NELSON
Una división de Thomas Nelson Publishers
Juntos inspiramos al mundo

www.gruponelson.com

Editorial Betania es una división de Grupo Nelson
© 2006 Grupo Nelson
Una división de Thomas Nelson, Inc.
Nashville, TN Estados Unidos de América
www.gruponelson.com

A menos que se indique lo contrario, todos los textos
bíblicos han sido tomados de la versión Reina-Valera,
de la *Santa Biblia,* revisión 1960.
Usado con permiso.

Diseño interior: *Grupo Nivel Uno, Inc.*

ISBN 0-88113-083-4

Impreso en Estados Unidos de América

Contenido

A quien ha sido y sera única en mi vida,
mi dulce y bella paloma,
Anita, la mujer maravillosa que Dios me ha dado.

Prólogo del biógrafo

*L*o escuché de un salmista. Decía que Manuel Bonilla era «El padre de los adoradores».

¿Qué lo hacía hacer tan gran declaración?

Al escribir este libro supe por qué hablaba con tanto fundamento.

Con Manuel caminaremos de la mano del primer músico latinoamericano en cumplir sus Bodas de Oro con la música cristiana, y disfrutaremos con él de un viaje lleno de ricos testimonios.

Quien comenzó cantando en medio de los pueblos entre las montañas de México, que visitó casi toda ciudad importante de nuestra América, que trajinó los senderos evangelizando con su música junto al Hermano Pablo, que participó en grandes cruzadas con Billy Graham o viajó adorando a Dios en medio de tanto milagro y sanidad con Benny Hinn.

Manuel Bonilla, que produjo durante veinte años el programa de Televisión «Gloria a Dios» en TBN siendo el abanderado, la avanzada, de tantos que luego ministraron a través de los medios, que fue pionero en grabar, en cantar con pistas, en su acción social a favor de los niños.

Es una vez más pionero. Cumple 50 años adorando a Dios y deseamos que este tiempo sea de gran bendición para el pueblo cristiano hispanoamericano.

El pionero de muchos. Que se mantuvo íntegro, marido de una sola mujer y adorando durante 50 años igual ante multitudes que ante unos pocos.

Este es el libro que toda persona que desea vivir una vida de adoración debe leer.

No todo el mundo puede sostener tamaño hecho de cada día de su vida durante 50 años, ver a Dios invitarte a tocar corazones a través del lenguaje del cielo, del idioma más bello, del hablar de la música. Más que palabras, todo un sentir.

El Espíritu Santo me llevó a escribir el libro de un hombre que tiene la experiencia de 50 años como un adorador. Que no solamente nos puede contar su experiencia, sino también darnos la posibilidad de transferirnos principios para nosotros también poder lograrlo.

Y sé que cada una de sus experiencias o principios te serán de utilidad para bendecirte y mostrarte que se puede sostener un amor por el servicio y por ayudar a otros por muchos años y que si eres un adorador puedes conocer la historia de quien cantó con los grandes para el más grande en medio de grandes multitudes pero siempre manteniéndose como el más pequeño de todos los santos.

Capítulo 1

A los 7 años comencé a tocar la guitarra y a cantar.

Lo hacía en la iglesia de mi padre. Me sabía cada estribillo y estaba impaciente esperando que me dieran la oportunidad para cantar.

Era grande esa guitarra, pero era mi orgullo. La llevaba conmigo por todos lados y en el pueblo decían: «Ahí va el hijo del pastor Bonilla. Tan pequeñito y ya canta y toca la guitarra». Y yo me hinchaba con los comentarios. Y dormía con ella. Aunque yo no entrara en la cama, ella siempre estaría allí.

Desde que vino ese hombre, traído por mi padre a la casa, a enseñarle a mi hermana a tocar y cantar, nada fue igual para mí. Era el guitarrero del pueblo que tocaba de cantina en cantina así como estaba presente en cada serenata.

Lo apodaban el Marro. Un hombre tosco, un bohemio. Siempre andaba por las calles. A veces la gente le pagaba por su canto, a veces no.

Ser el quinto de tantos hermanos no era fácil. Dios sabía cuánto yo soñaba con ser mirado y consentido por mi padre. Lo veía tan alto. Cuando se paraba frente a la gente yo solo quería su aprobación. Lo mismo me pasaba con Dios. Ese ser tan amado por todos y cada uno de los miembros de mi casa, de los alrededores, de los vecinos. Y en medio de ellos yo correteaba entre las faldas de mi madre sin que me prestaran atención. Hasta que el Marro llegó a mi casa.

Lo recuerdo como si fuese hoy.

El polvo se levantaba como el calor mismo, y la tarde traía la fresca. Al entrar a la sala lo ví sentado con mi padre que le preguntaba:

—¿Cuánto ganas?

Y él le dijo algo, una cantidad, supongo.

—Pues yo te voy a pagar el doble si vienes a darle clases a mi pequeña Marta.

Por aquellos días Marta tenía 16 años. Era intrépida, cantadora, pujante, y mi padre quería ayudarla a perfeccionarse.

Al lado del muro vio la mitad de mi cuerpo y seguramente también mi cara de asombro. «Yo también quiero, papi», no me animé a decirle. Pero creo que Dios le habló al oído y el pastor Bonilla, tan férreo como obediente, escuchó a Dios lo que vio en mis ojos.

—Y al pequeño Manuel también.

Sonreí aquel día con toda la cara, salté de alegría y fui rápido a contarles a mis hermanos lo que papá había dicho.

¡Vendrían a enseñarnos a tocar la guitarra!

Venía todos los días por las tardes.

Mi madre lo hacía pasar a la sala y allí, Marta y yo practicábamos y estudiábamos con él; luego, íbamos a cantar a la iglesia.

Yo era muy pequeño pero me portaba bien. Al principio, Marta no se sentía cómoda conmigo a su lado pero pronto se acostumbró. Fue de gran ayuda para mí. Me enseñaba todo lo que aprendía.

Así fue como aprendí a tocar la guitarra. Y a hacer de ella parte de mí.

¡Si hasta dormíamos juntos! Yo me dormía practicando. Quería tocarla de manera especial.

En aquella época en casa no había radio. Se pensaba que tener un radio era contaminarse con el mundo. Los vecinos sí tenían y la ponían a todo volumen para que todos pudiéramos escucharla.

Yo me instalaba en un rincón apartado de la casa, y escuchaba nuevas canciones que inmediatamente practicaba y las hacía brotar de mi guitarra.

El trío Los Panchos entraba por las ventanas y cada acorde lo vivía como si yo mismo estuviera produciéndolo. Los memorizaba y en mi voz luego sonaban para el corazón.

De día escuchaba a Los Panchos, de noche tocaba los estribillos en la iglesia que pastoreaba papá y, día a día, desde pequeño, muy pequeño, supe que a través de la música dejaría mi huella en el mundo.

¡Recuerdo tan vívidamente aquella época!

De tanto practicar, pude dominarla a tal punto que llegué a considerar que era insuficiente tocarla de forma natural y normal; así es que un día me dije: «Ahora la voy a tocar al revés». Me la acomodé en la espalda, crucé mis brazos por atrás y así la toqué. Luego me dije: «Debo poder tocarla con una sola mano».

No era fácil. Pero busqué la forma de hacerlo. No era mucho lo que tocaba pero lograba sacar algunos acordes.

Descubrí que era cuestión de usar el método mecánico que usa el piano de golpear las cuerdas.

Era un jovencito y participé en concursos de aficionados, algunos de los cuales gané.

Tenía vivo el sueño que la guitarra y yo fuéramos uno. Y así fue.

Todos en el pueblo y alrededores me conocían por mi nombre, pero más aún por mi música.

Desde que tuve 7 años, cuando aprendí a tocar, hasta los 14, en cada oportunidad participaba junto con mis hermanos en la iglesia de mi padre.

Nos vestíamos bien pulcros y muy peinados salíamos cada día a la iglesia donde mi padre ministraba.

Me deleitaba poder formar parte de esos maravillosos coros que llenaban la casa de Dios de Su Espíritu Santo.

Era un maravilloso tiempo de poder servir a Dios todos juntos.

Sin embargo y sin darme cuenta, de culto en culto pasé a vivir de fiesta en fiesta.

Solo quería adorar al Dios poderoso pero algo sucedió que sin poder verlo, me alejé de Él.

Como Lot que fue poniendo sus tiendas hacia Sodoma, un día me encontré viviendo en medio de Sodoma.

Era bueno con la música.

Pero serlo no significa nada. Si no hay un corazón de sujeción a Dios, lo bueno se puede convertir en pesadilla.

Mis amigos cada día me invitaban a una fiesta diferente. Íbamos todos y la guitarra y mi voz atraían licor y cigarros. Y comencé a fumar y a tomar.

«Tómese otra, joven», me decían quienes, gratificados con la música, querían congraciarse conmigo. ¡Pero qué mal me hacían! Cada trago que aceptaba era un peldaño más en la pendiente hacia mi destrucción.

Los amigos de la escuela se convirtieron en conocer a cada vez más gente de otros lugares. Y cada noche de parranda me llevaba de un vicio a otro.

No sé cómo sucedió pero un día dejé de ir a la iglesia de mi padre. Ese fortín que era para mí el lugar de santificación y purificación en nuestra infancia ya no me recibía. Me sentía sucio. Pasaba lo mismo con mi voz. Aunque era una voz joven, se hacía ronca y carraspeada. No brillaba igual que en cada salmo o himno entonado.

Pero yo no me daba cuenta. Y nadie se percataba de mi deterioro.

Parecía algo tan normal, tan de moda poner los talentos en pos de los sentidos y la juerga. Era como si el mundo me invitara a derramar a los pies de su gobierno cada día lo que Dios me había dado.

Todos te aplauden, te adulan, las mujeres te persiguen, y uno siente que ese mundo es donde uno debe vivir. El día habría de llegar en que me daría cuenta que no veía nada.

Pero mi padre sí.

Un día me dijo: «Manuel, los que viven bajo el techo de esta casa, mi casa que yo hice, donde yo mando, yo proveo, tienen que vivir bajo el poder y temor de Dios. Y si no es así tendrás que irte».

No le hice caso.

Una noche llevé al cine a una jovencita que frecuentaba.

Mi padre me había dicho que todas esas actividades no ayudaban a un hombre de Dios que desea elevarse en pos de conocer cada día más del Señor y prepararse para ayudar a otros. Y que dada la vida que llevaba no me permitía hacer ese tipo de cosas.

Pero igual fui.

A la salida, me estaba esperando. Cuando lo ví temblé, no de miedo. Fue como un darme cuenta que estaba rompiendo mi contacto con Dios. Que yo lo hacía. Me iba a percatar que talento sin corazón no alcanzaba. Que podía ser llevado por los caminos del mal.

Él me miró a los ojos. Yo bajé el rostro. Antes de irse, solo me dijo: «Te espero en casa».

Llevé a la señorita a su casa y rápidamente me fui a la mía.

Allí estaba mi padre, esperándome. Me dijo que me sentara y durante horas me dio una gran lección hablada de todo lo que me había dicho, del camino que yo había seguido, de mi alejarme de Dios y correr tras los brazos del mundo, de no usar lo que Dios me había dado más que para mi propio interés. Y cuando pensé que había terminado el sermón como para irme a dormir, me recordó que él era un hombre de palabra, y que me había advertido que si no vivía bajo los preceptos divinos, allí no había lugar para mí, donde se adoraba a Dios y se lo respetaba.

Que cumpliría su palabra. Que me tendría que ir.

Al primer momento me costó aceptarlo. Fogonazos de todo lo que había hecho pasaban por mi mente mientras mi padre repetía que me debía ir porque no era digno de estar bajo ese techo.

Me tomó del brazo, me llevó hasta la puerta, la abrió, me dio un puntapié y la volvió a cerrar.

Afuera. Solo. Pagué y vagué por cuatro años lejos del calor del hogar.

En ese tiempo me convertí en alcohólico. Iba de fiesta en

fiesta. De pueblo en pueblo. Supe que mi madre oraba día a día por mí mientras yo vagaba sin rumbo por las calles.

Cuando podía, volvía. Ella me consolaba e insistía que dejara la vida que estaba llevando. Pero el orgullo era más fuerte.

Me atravesó tanto ese tiempo que cuando tuve en mis manos la canción «La triste oveja» la hice la bandera de mi repertorio.

Yo era esa triste oveja perdida.

Manuel Reyes tocaba conmigo por los pueblos. Serenatas, cantinas, fiestas, lo que fuera, a cambio de tequila, cigarrillos y cerveza.

Un día me aparecí en su casa acompañado de mi guitarra. Él vivía con su mamá y sus hermanas. Su madre fue muy hospitalaria conmigo. Y yo hacía todo lo que me ayudara a ganarme su confianza y a agradecerle su bondad de alojarme. Levantaba la mesa, lavaba los platos, barría. Ayudaba a Doña Ricardita. Y ella decía: «Este no es un arrimado más sino que sabe ser agradecido». Y así me aguantaba en su casa.

Durante aquellos cuatro años, nunca olvidé las palabras que mi padre me dijo la noche que me echó de su casa: «¿No te dije que si vas a vivir en nuestra casa no puede haber contacto con el mundo? ¿Tú no sabes que yo soy pastor? ¿No sabes que esta familia está dedicada a Dios? ¿Se te olvidó todo lo que aprendiste o no me quieres hacer caso? Yo te dije que no hicieras eso y lo sigues haciendo; pues, se acabaron las oportunidades. Te dije que te ibas a ir de la casa y te vas a ir».

En otras oportunidades mi madre había intervenido: «Antonino, déjalo, ya no lo reprendas más». Y mi padre aflojaba. Pero esa noche ella no tuvo lugar de hacerlo. Él no se la dio y ella obedeció. Me tomó de la mano y me llevó hasta la puerta de calle. Y lo recuerdo como si hoy me estuviera hablando: «¿Quieres la calle? ¡Ahí está la calle!»

Ese hombre que me educó era un gran hombre. Mi padre era predicador, y desarrolló una familia ejemplar al lado de una maravillosa sierva de Dios.

Mi madre se levantaba por las mañanas, tocaba las puertas de los vecinos de nuestro pequeño pueblo y les preguntaba. «¿Cómo están? Soy Chabelita, ¿Cómo amanecieron? ¿Necesitan algo?»

Mis padres tenían una fábrica de tortillas. Cada día hacían miles de tortillas. Y cuando sabían que había alguna familia necesitada le llevaban kilos de tortillas. Y si alguna persona enfermaba, mi madre oraba con ellos y les presentaba el evangelio con el bocado, con la amistad, con la dulzura y la inteligencia.

En casa teníamos gallinas, chanchos. Ella, en más de una oportunidad, nos decía: «Ramoncito amaneció enfermo y le voy a hacer un caldo de pollo para que se ponga fuerte». Y le preparaba el caldo bien sabroso y me daba la olla para que yo se la llevara.

Mi madre impactó en el pueblo tanto como en mi corazón. Era una samaritana de primera clase. Así fue la vida que me enseñaron a vivir que no pude ver cuando estaba ciego y que ese gran hombre que fue mi padre, de un puntapié, me lo recordó.

Iba a todos lados con mi guitarra: A fiestas, la llevaba a la escuela, cantaba las canciones del estado. Hacía todo con mi guitarra.

Al año me fui de la casa de Manuel a la de otros amigos, en Cananea, Sonora.

Ya no leía la Biblia, tampoco cantaba nada cristiano. Solo cosas del mundo.

«Cántanos algo, Pájaro», me decían. Hasta mi nombre había perdido.

En ese tiempo había un campeón de boxeo de apellido Moreno al que le decían «Pajarito». «Pajarito Moreno». Como a mí me gustaba mucho pelearme, en alguna de esas bravuconadas que gané, alguien de la turba me gritó: "¡Bien, Pájaro!» Y quedé como «Pájaro».

En medio de alguna borrachera, «Pájaro» dejó de ser un niño dulce de un hogar cristiano y pasó a ser un bravucón que sangraba y hacía sangrar, porque en aquellos tiempos el más bravucón era el que mandaba en la tribu.

Por eso me decían: «Cántanos algo, Pájaro».

Sin embargo, Dios me había escogido desde mi nacimiento con un propósito y yo sin verlo. Los años se sucedían uno tras otro, y en mi vida nada pasaba, mientras veía a mis hermanos crecer, casarse, formar familias bien constituidas. Yo solo era: «Pájaro, cántanos algo».

Y los amigos no eran tal. Mi música nos unía y las invitaciones más comunes eran: «Pájaro, sigamos tomando».

Me acerqué una vez más a la casa paterna. Con mi sombrero de costado y mi camisa blanca bien abierta entré como si todo estuviera bien. Internamente estaba vacío, pero quería aparentar que nada necesitaba y que mi vida estaba bien. La guitarra que había comenzado como un vínculo con Dios y la familia de la fe era ahora mi escudo para que nadie pudiera ver mi orgullo, mi egoísmo, mi pecado.

Mientras comía algo sabroso que mi madre había preparado, se me acercó mi hermano Antonino para invitarme a un campamento de jóvenes.

Pienso que lo hizo sin mucha esperanza, pero para su extrañeza, acepté.

Me miró sorprendido y alegre y me dijo cómo sería, dónde y cuándo. Mi madre escuchaba con la cabeza baja, escondiendo una lágrima que caía mientras le agradecía a Dios que el hijo pródigo hubiera vuelto.

Vagué por cuatro años en el desierto del pecado y en medio de un mundo de sinsabores. Con los talentos que Dios me había obsequiado derramados en tinajas de placeres humanos y de muchas sensaciones y poca espiritualidad. Noches durmiendo bajo las estrellas, alcoholizado, con personas con quienes nada me unía, solo la desgracia.

Había vuelto, pero antes de reconciliarme con mi padre, debía hacerlo con Dios.

Y me fuí con los jóvenes de la iglesia a la playa, a un campamento que habría de cambiar mi vida.

MANUEL EN LA VIDA DE SU HERMANO MAYOR ANTONINO

Manuel pudo elegir aprender del maestro en su propia escuela y lo hizo. Dios le dio oportunidades mil en bandeja y él las supo aprovechar.

Fue un trozo de piedra bruta que el Señor labró para transformarla en una piedra preciosa.

Me siento orgulloso porque contribuí en cada una de las oportunidades, en cada una de las facetas de formación que tuvo Manuel. Siempre lo apoyé y siempre estuve con él.

Durante mucho tiempo fui su papá, su hermano, su tutor, su mentor, su curador.

Y si tuviera el privilegio de entregarlo a los pies del Señor cuando vuelva, le diría: «Aquí te entrego tu milagro. Has hecho una obra maravillosa con él».

Manuel Bonilla pequeño con su guitarra en medio de la congregación

i hermano Antonino era el Director Educacional para Latinoamérica de la Iglesia de Dios. Dios lo inspiró a efectuar retiros y encuentros para jóvenes. Fue en el primer retiro que hizo que me invitó a asistir.

–¿Quieres venir al retiro? –me dijo apenas me vio sirviéndome la comida que había preparado mi madre.

–No tengo dinero.

–No te preocupes. Yo te lo pago.

Ese era mi hermano. Siempre estaba animando, instruyendo y cuidando a los jóvenes. Los entendía. Los jóvenes venían a él para que los escuchara. Y él se entregaba por entero para que llegaran a aceptar a Cristo. De modo que lo que constantemente hacía con otros, en esta oportunidad lo hizo conmigo.

Así es que viajamos al puerto de Peñascos en el estado de Sonora.

Ya en el retiro, gradualmente comencé a sentir ese fuego en mi interior que hacía años no sentía. Cada vez era más fuerte.

A la mañana siguiente de haber comenzado el retiro, luego de desayunar, todos fuimos a la playa. La arena jugaba en mis pies mientras yo procuraba que no llegara a mi guitarra. Éramos unos 10 ó 12 muchachos. El guía en esa ocasión era Rafael Lastra, consejero de jóvenes.

La frescura de la mañana era acogedora. Mientras las gaviotas volaban y las olas iban y venían, yo quería que mis pecados se fueran en una de esas olas y que Cristo los sepultara en lo más profundo del mar. Y que el viento agradable del amanecer fuera el aire del Espíritu Santo que me traía un nuevo comienzo.

En el retiro mi cambio fue instantáneo. He escuchado testimonios de otras personas que dicen haber pasado por un proceso, como que la purificación que realizaba en ellos el Espíritu Santo era progresiva. En mi caso, Su presencia dentro de mí y el perdón de mis pecados ocurrió en un abrir y cerrar de ojos. Hubo muchas lágrimas; y lágrimas muy amargas, porque saqué todo lo que tenía adentro, en mi alma.

Estaba junto con los otros muchachos sentado en la arena y de repente empecé a llorar. Ese fue el comienzo. Lloré como nunca jamás he llorado, ni antes ni después. Sentía que mi alma estaba tan cargada de amargura, de dolor, de haber hecho sufrir a mis padres, de haber sido un mal hermano, un callejero...

El Espíritu Santo me estaba limpiando de todas esas cosas. Después me contaron –no tengo memoria de eso porque entré en un estado especial de perderme a mí mismo– que estuve diez horas, quizá doce, pidiendo perdón al Señor. No sé por qué tenía que ser tanto si Dios me había perdonado en un segundo, pero creo que era porque lo necesitaba.

Pienso en esos adoradores de antaño y su constante purificación antes de servir en el Templo. Dios me estaba preparando para algo especial y me necesitaba bien limpio. Y ese proceso duró horas.

Necesitaba esa renovación interior. Entiendo a los que viven sin Dios porque yo estuve ahí. Y peor aún, porque veía a mi familia ir por el sendero del Señor mientras yo trataba de avanzar en medio de pastizales. Por eso el tipo de canciones que canto. Tienen que ver con ese encuentro. «Yo perdido en el mundo vagué...»

La melodía la vivo, no solo la canto, Dios lo sabe. Y por eso creo que me ha usado para llegar a cientos de miles que estuvieron como yo para que se reencuentren con Dios.

Cada vez que canto recuerdo en mi corazón el momento que Dios lo selló a fuego por medio del Espíritu Santo. Y mientras veo los ojos de los que se acercan al altar pienso lo que yo era antes de entregar mi vida completamente al Señor y lo que estas personas pueden llegar a ser cuando lo hagan.

Después que Cristo hubo entrado en mi vida, sentí que necesitaba la presencia del Espíritu Santo para que me hiciera fuerte. Para que me acompañara, me levantara. Un día, me levanté a las 5 de la mañana para orar y pedirle al Señor que necesitaba la presencia del Espíritu Santo. Eran las 11 de la mañana y yo estaba a la antigua golpeando el piso mientras clamaba: «¡Señor lléname del Espíritu Santo!» Estuve arrodillado por muchas horas. De pronto llegó una anciana. Me tocó la frente y me preguntó:

—¿Qué estás haciendo mijito?

—Estoy invitando al Espíritu Santo para que venga a mi vida pero no llega.

—¡Pero cómo va a venir con esos gritos y esos golpes que estás dando, hijo! El Espíritu Santo es como una paloma, no le grites, invítalo, cántale: «Espíritu Santo, bienvenido a este lugar...»

Cuando lo hice así y lo invité con esa voz dulce, sentí que una paloma había venido a mí.

Era mediodía, y no había comido nada.

Salí con mi guitarra, y me dirigí a un puente cercano por donde pasaba un tren. Buscaba a alguien para compartirle lo que me había pasado. Debajo del puente había alguien pescando. Le dije que iba a cantar. Y comencé: «Dame un nuevo corazón que te alabe noche y día».

Eso pasó el primer día del retiro. Luego vino mi reencuentro y la búsqueda en mi interior de aquellos himnos que antes había cantado. Sabía que ahora las cosas eran diferentes. Antes, yo conocía a Cristo pero Él no estaba en mí. Pero ahora sentía que tenía que cambiar mi canción.

Fue tan tremenda la presencia del Espíritu Santo en mi vida que cuando regresé a mi pueblo donde mis padres eran pastores sucedió un milagro.

Mis amigos de juerga practicaban la música africana. En las noches nos juntábamos en la playa, donde hacíamos bailes del tipo budú.

En mis tiempos de alejamiento de Dios, en mi locura e inmadurez, yo me prestaba para ponerme en el centro de los bailes.

Hoy, mirando aquellos días a la distancia, sé que Dios en su gracia y misericordia fue muy bueno conmigo y me mantuvo protegido. Pero no dudo que en esos rituales éramos poseídos por una fuerza satánica que nos hacía bailar aquel tipo de música.

Le decían merecumbé y uno sin saberlo estaba más cerca de la muerte que de la vida.

Cuando regresé, me junté con ellos. Me dijeron: «Pájaro, cantemos». Yo tomé la guitarra y canté creo que algún tema romántico. Entonces mis amigos me dijeron: «Pero, Pájaro, ¿qué ha pasado contigo?» No les dije nada, pero todos nos dimos cuenta que algo había sucedido con mi voz. Se sentía la dulzura que el Espíritu Santo me había dado en el momento de mi encuentro con Jesucristo.

Ellos notaron el cambio.

–Tú no cantas igual –me decían–. ¿Adónde fuiste? ¿Te dieron clases de canto? ¿Pero si hace diez días estuvimos en la última fiesta. ¿Cómo puede ser que en diez días te haya cambiado tanto la voz?

Y se maravillaban.

Esa fue la primera vez que vi que los hechos tenían más poder que las palabras. Y en eso me basé para dar mi testimonio y decir a la gente quién era el que vivía en mi corazón.

Eso me llenó de gozo porque yo sí sabía lo que había pasado. Después les dije que había ido a un retiro y que ya no iba a cantar en el grupo, que iba a cambiar de estilo musical y que tomaba la decisión de ir a la iglesia de mis padres.

Fue un cambio total.

Ellos se reían con una sonrisa incrédula. Me decían «con lo que te gustan las mujeres, la cerveza, los bailes. Aquí te esperamos».

Pero lo que ellos ignoraban era que la sangre de Jesucristo me había hecho una nueva criatura de tal manera que ahora cuando tomaba mi guitarra y me paraba en cualquier lugar podía decirles:

Solo el poder de Dios puede cambiar tu ser
La prueba yo te doy, Él me ha cambiado a mí.
¿No ves que soy feliz sirviendo al Señor?
¡Nueva criatura soy, nueva soy!

Llegué a mi casa a ponerme ropa nueva, a darme un corte de pelo.

Y allí estaba él. Mi padre. Primero me estiró la mano para darme un fuerte apretón y luego me abrazó.

—¿Estás dispuesto a prepararte para ser quien Dios te llamó a ser?

—Sí, señor —le dije, sumamente agradecido y confiado.

—Bien —me respondió.

Y se retiró.

Esa misma semana me dijo que debía ingresar a un instituto bíblico, que no podía quedarme a la deriva, sino dar inicio a mi crecimiento.

Me fui a Hermosillo.

Allí habría de ser pasado por fuego. El Señor me enseñaría que lo que internamente es oro el fuego de Su Espíritu Santo lo templa, y lo que es madera lo quema.

Cuando llegué al instituto bíblico llevaba mis pocas pertenencias y una carta de mi pastor. Cinco varones se me acercaron, me miraron y me preguntaron:

—¿Tú qué vienes a hacer acá?

—Tú no eres de los nuestros.

—Regrésate a tu pueblo, pandillero, este es un lugar para hombres de Dios.

Este rechazo lo he tomado como el comienzo de mi preparación. Si elevas tus ojos a Dios y tu corazón lo depositas en el cielo seguro que tendrás rechazo, hasta de aquellos que parecen muy cristianos. Pienso que fue un pulimiento para lo que vendría.

El primero que vino a mi mente fue «El Pájaro Bonilla». Gran prueba de fuego.

¿Quién le respondería? ¿El Pájaro Bonilla o Manuel Bonilla? ¿El futuro o el pasado?

La tentación de contestarles estuvo, pero primó la calma. Yo deseaba ser pulido. La obra que Dios había hecho en mí por medio del Espíritu Santo era inexpugnable, por más epítetos que recibiera. Yo ya era una nueva criatura. Solo debía dejar que esa nueva criatura se manifestara.

Mi respuesta fue de bendición. Me siguieron rechazando pero solo por algún tiempo.

En las barracas donde dormíamos nació la conversación, luego la comunión y por último el compañerismo. Los catres uno al lado del otro, nuestras pertenencias debajo del catre y largas conversaciones acerca de la vida, de lo aprendido o de lo que había que memorizar nos permitió comenzar a amarnos unos a otros.

El Señor me decía que mantuviera siempre presente que yo era una nueva criatura y que tarde o temprano la gente lo sabría.

El llamamiento, la guitarra, el corazón por Dios y escuchar Su voz era el camino que ya había comenzado a recorrer como un adorador que desea vivir en todo momento en la presencia del Señor.

Creo que gozo de una línea directa con el Señor.

Era un reto doble el que estaba viviendo porque los muchachos sabían quién era yo y la clase de vida que había vivido.

Pero empecé a cantar en las reuniones.

Un comedor tipo galpón en donde nos daban las clases se usaba también como santuario para el culto. En ocasiones, allí el frío era intenso. Supongo que todo aquello era parte de la preparación. Mirándome a la distancia me doy cuenta que durante todo el tiempo que pasé en el instituto bíblico nunca me quejé. ¿Será que la queja por falta de comodidad es una distinción de la modernidad? Recuerdo también a mis compañeros, todos dignos y honrados de poder estar allí, de estar escribiendo nuestros nombres en el libro de la vida, de dedicarle nuestro ser a quien entregó el Suyo por nosotros. Éramos privilegiados.

Todas las mañanas nos levantábamos optimistas y agradecidos por la oportunidad de estar siendo formados para servir.

Y cuando de noche teníamos frío sabíamos que aquello no sería eterno, que pasaría, que habría un día nuevo.

Por la mañana nos despertábamos a las seis. Nos aseábamos y caminábamos un kilómetro para llegar al lugar donde tomaríamos el desayuno.

Medio congelados, medio hambrientos, memorizábamos la lección de ese día paso a paso, sabiendo que Dios hacía la obra en nosotros aprovechando cada oportunidad que éramos fieles.

Fueron cuatro meses de preparación intensa en evangelización personal. Y luego los otros seis meses los pasábamos en el campo practicando lo que habíamos aprendido.

Hubo quienes se quedaron en esa etapa. Decían: «Esto no es para mí».

Al terminar la parte teórica del primer año en el instituto nos asignaron un lugar de trabajo. A mí me mandaron a las montañas, donde el Señor me dio la mejor formación: tenacidad y humildad.

Debía trabajar para conseguirme el sustento de modo que me especialicé como rotulista. Compré brochas, pintura y en mi peregrinar en medio de las montañas, a las iglesias que no tenían nombre, se los ponía. Les hacía carteles para el altar.

El que me gustaba mucho y disfrutaba hacerlo decía: «Orad sin cesar».

Por esos tiempos, el Señor también me permitió tener una cámara fotográfica y mi equipo para revelar.

Así comenzó a aparecer gran parte de lo que un adorar requiere: estar dispuesto siempre a ir por más para la gloria de Dios.

Salí a cumplir mi objetivo. Llegar al mundo con la Palabra de Dios.

En el territorio nordeste de la República de México fui director de Jóvenes y de la Escuela Dominical del distrito de la Iglesia de Dios.

Hacía carteles, estandartes, visitaba cada rincón con mi guitarra, mi cámara de fotos, mis rótulos, pero por sobre todo con mi deseo de servir.

Nunca creí que solo tocaría la guitarra. El canto era un regalo de la manifestación de un corazón rebosando, como estaba el mío viajando de pueblo en pueblo y ayudando a esos pastores que hacían obra en los lugares más recónditos de las montañas.

Dios se encargó de suplir mis necesidades. Una iglesia en Salinas, California, con un pastor de apellido Scotti nos enviaba todos los meses ciento veinticinco dólares. Los usábamos cien para el instituto y la organización y el resto era para mis gastos personales.

Quizás pudiera pensarse que lo que quedaba para mí era muy poco, pero en esa época nada era poco, mucho menos viniendo de la mano de Dios. Con Él siempre era suficiente. Suficiente es una palabra que casi hemos perdido de nuestro vocabulario, pero que Dios sigue usando cuando se ocupa de cubrir los gastos de sus seres amados.

Conocí al pastor Scotti a través de un misionero de Chile que me lo presentó. Canté en su iglesia y me dijeron que me iban a sostener mientras yo estuviera en el campo misionero.

Iba a las montañas a pie con mi guitarra o transportándome en carretas tiradas por bueyes, bajo la lluvia y el frío. Más de una vez llegaba empapado a donde iba.

Fue un comienzo muy doloroso pero muy grandioso. Porque era allí donde se cumplía en mí aquel versículo de la Biblia que dice que irá andando y llorando el que lleva la preciosa simiente.

Yo llegaba a los pueblos donde no había ni radio ni televisión, procuraba que los niños se enteraran de mi llegada, sacaba mi trompeta y me ponía a tocar. Para la tarde había reunido a cientos de niños. Les enseñaba coros infantiles, estribillos y estrofas simples para que ellos las llevaran tiernamente a su memoria y a su corazón.

Siempre sentí un gran cariño por los niños. El Señor me dio un ministerio especial con ellos y para ellos. Desde entonces vengo ministrándolos y cantando para ellos.

Así fue mi formación. Con la gente humilde, yendo de pueblo en pueblo a pie porque no había medio de transporte, o si me iba bien, arriba de algún camión que transportaba madera de las montañas.

Sentía que servir era una bendición. Y no lo hacíamos por lo que pudiéramos recolectar porque para nosotros no había ofrenda más grande que la oportunidad de estar en medio de la gente y participar con ellos en sus vidas y en su conversión.

Yo cantaba porque me salía del alma, era un agradecido más que todo al Señor. Es que antes de cantar en la iglesia, yo cantaba en los arrabales, en las cantinas. Y el contraste era tan notable que lo prefería mil veces. Si me preguntan dónde comía, comía de la comida humilde de aquella gente. En cuanto a dormir, dormía donde se podía.

Las reuniones eran preciosas. Antes del predicador pasaba adelante el que iba a cantar los himnos especiales o dirigir la alabanza al estilo de aquellos tiempos.

Ya para esos años yo sabía que Dios me había llamado y sentía que era un adorador, un siervo, un salmista de Dios. Y me codeaba con los predicadores, porque miraba resultados de altares, de consagración, altares de salvación, de sanidad, de bendición a la familia. Así que para mí el cantar era una predicación, aunque no era hablada. Esto lo sentí desde el principio muy fuerte en mi vida, y así sigue siendo.

Después de esos seis meses de trabajo práctico tenía que regresar y estar cuatro meses más en el instituto.

Pero no todos volvían.

En una ocasión al regresar encontré solo a dos de los cinco que me habían hablado duramente el año anterior. Solo dos. Y yo. «Solo para los hombres de Dios» me habían dicho. Y estaban en lo cierto. En esos seis meses algunos se quedaron en los lugares porque las distracciones del mundo o sus propios deseos fueron más grandes que sus llamamientos.

Seguimos recibiendo entrenamiento y formación. Las comidas, las caminatas, los fríos, las noches largas, todo fue forjando mi temple para más tarde llegar a cantar en estadios llenos y solo estar preocupado por el rostro del Señor sonriéndome y el poder derramar mi amor sobre todos esos corazones y preparar el terreno para que más y más personas se convirtieran al Señor.

La próxima vez que salí en misiones tuve la prueba crucial. Me enviaron a las selvas de Tabasco y Chiapas, en el sureste de México.

Había víboras peligrosas y los ríos estaban llenos de peces parecidos a los tiburones pero con unas mandíbulas muy grandes. Cuando los caballos o las vacas se acercaban a beber los lastimaban. Y el viaje de pueblo en pueblo era en cayucos, unas barcas hechas de un árbol cortado al medio y cavado dentro para uno sentarse allí. No eran muy estables y uno sabía que si se caía al agua aquellos peces podrían atacarlo.

Quizá te gustaría más escuchar la historia de un adorador que haya pasado su infancia musical probando cómo escribir mejor música o encerrado en su casa esperando la llegada de la inspiración. Pero para mí un adorador es aquel que vive para la gente y está dispuesto a aprender, a discipularse en medio de la batalla. La relación de un adorador con Dios no es a través de un papel, sino a través de los corazones de la gente a la que se ministra con la música y con la vida. De nada sirven grandes canciones y vidas pequeñas. Para grandes vidas hay que empezar por los pequeños actos de obediencia y fe. La selva fue para mí ese tiempo en que en cada cosa que hacía tenía que confiar en Jesús y en que el Espíritu Santo me llevaría al lugar exacto a donde quería que yo fuera.

Viajé a las misiones de Tamaulipas y Nuevo León, situadas en el nordeste de México. Cantaba en pueblitos de diez o no más de veinte casas.

En una ocasión en que me dirigía al lugar a donde tenía que llegar sentí un ruido extraño. Parecía provocado por un gato montés. Me asusté. Quise correr porque era un lugar donde se decía que había leones y tigres. Me dije: «Y ahora, ¿qué hago?»

Metí la mano en la bolsa buscando algo con qué defenderme y solo encontré un cortaúñas. Traté de refugiarme en un lugar alto sin recordar que esos animales se trepan a todos lados.

Decidí subirme a una peña muy alta pero cuando iba subiendo le perdí el miedo al animal.

Yo llevaba pinturas y pinceles porque por donde pasaba me gustaba dejar algo de recuerdo; muchas veces hacía estandartes para los jóvenes dibujándoles una Biblia o una paloma.

Vi una piedra y me dije: «Me gustaría dejar un recuerdo aquí». De eso hace cuarenta y ocho años. En la piedra escribí: Cree en el Señor Jesucristo y serán salvo tú y tu casa.

En todo momento, hasta delante de las fieras lo que hacía lo hacía con el propósito de presentar a Cristo, el Camino, la Verdad y la Vida.

No cantaba no más por cantar, sino que tenía un propósito.

Me cuentan ahora los sobrinos de mi esposa que hicieron un viaje por esos lugares, que les decían: «¿Ven ese texto que está allí? Lo escribió Manuel Bonilla hace cincuenta años».

Para mí eso constituye una gran bendición.

Al año siguiente, el último, me mandaron a la selva de México, donde la gente se alimenta de víboras, lagartos, monos.

Allí es muy difícil transportarse a pie porque constantemente uno se va encontrando con serpientes venenosas.

En una ocasión en que cantaba acompañado de mi guitarra en una iglesia con piso de tierra, sentí que por encima de mi pie se deslizaba algo. Los hermanos me hacían señas de que no me moviera pero yo no entendía lo que me querían decir. Al mirar para abajo, vi que era una víbora que iba cruzando por mi zapato. Tanto me asusté que sacudí el pie y la víbora saltó en medio de la congregación. ¡En ese mismísimo momento se acabó la reunión!

Por el peligro de las víboras teníamos que transportarnos en cayucos, que eran, como dije antes, unas canoas hechas de la mitad de un árbol ahuecado.

Esto es en el sur de México, en Chiapas, Oaxaca, Veracruz, Tabasco. Yo hacía labor misionera, cantando para los niños y organizando escuelas bíblicas de verano para ellos.

Así es que vengo trayendo este deseo de ministrar a los niños desde el principio.

Con el correr de los años hay ministros que me dicen que fueron inspirados por esas acciones y esos compromisos mantenidos más allá de caminos, comodidades o escenarios. Siempre disfruté cantándoles a los niños.

Hermanos como la familia de la Garza llegaron a ser ministros de música porque aseguran que yo los inspiré cuando llegaba a sus pueblos. Ahora hay muchos ministros de música que fueron inspirados por mí en aquel tiempo.

En agradecimiento a lo que el Señor había hecho por mí fue que me convertí en un cantante de campo. Fue muchos años después que hice las primeras grabaciones. El que fue «el hombre del día» cuando sus discos se vendían de norte a sur y de este a oeste fue primero un hombre de muchas noches, de vivir para la necesidad de la iglesia y no para satisfacer la necesidad personal, porque es allí, según lo que yo aprendí, que se puede conocer el corazón del Señor derramado.

Me entristece ver a muchos adoradores caer tan rápido como suben, porque les falta cimiento. Son adoradores de luces, de fama momentánea, de espectáculos. Y en los momentos de prueba se queman fácilmente.

Hablando de los cayucos, esos viajes sí que dejaron huellas en mí. Pero no huellas que puedo relatar como experiencias vividas, sino huellas en mis piernas. Grandes huellas que han quedado como recuerdo de una horrible infección que me atacó por esos años. En efecto, debido a que millones de mosquitos se posaban en uno en cada viaje, la llaga me duró mucho tiempo. Viajábamos sin repelentes, dormíamos en una hamaca, en un cuarto sin luz; nos alumbrábamos apenas con una pequeña mecha en una linterna con petróleo que apagábamos en la noche. Yo siempre dije: «Señor, no soy digno de ser tu siervo. Te agradezco por esta oportunidad».

Para espantar los mosquitos quemábamos excremento seco de vacas y ganado.

Llegábamos por la noche luego de haber viajado todo el día en cayuco en medio del río, quizás con algún otro hermano, luego de visitar pueblos e iglesias.

Una vez, sin yo saberlo, me pusieron por un mes a cargo de una misión que no tenía pastor. Cuando llegué al lugar, me dieron un pequeño cuartito donde instalé mi dormitorio. No tenía ninguna información acerca del pueblo. Por la noche, me hinqué para orar y pedirle al Señor que me mostrara cómo lo iba a hacer. «Soy muy joven», le dije. «Apenas tengo 20 años y esta responsabilidad que me han dado es demasiado para mí. Respóndeme, Señor, te lo suplico».

Oré y oré sin detenerme. Cuando terminé, pasadas las 11 de la noche, abrí los ojos y no vi nada. Me palpé. Me restregué los ojos pero seguía sin ver nada. «Me he quedado ciego», me dije. «Ahora ¿qué voy a hacer?»

Pasé la noche pensando cómo habría de ministrar al día siguiente. Me decía: «Seguramente los hermanos me van a tomar de la mano, me van a poner frente al púlpito y me van a decir aquí está el púlpito, cante de aquí nomás». Y yo estaba dispuesto a hacerlo.

Aquella fue una noche negra.

Cansado y tarde, en medio de mis plegarias en las que le decía al Señor: «Regrésame la vista». Me quedé dormido. Pero nada.

A la mañana siguiente abrí los ojos porque sentía un rayo de sol en la cara. «¡Puedo ver, puedo ver!» gritaba. «¡Gracias Dios porque me regresaste la vista!»

Más tarde, cuando llegué al salón donde los hermanos del pueblo se congregaban, comencé diciéndoles: «Hermanos, tengo un testimonio grandísimo para compartir con ustedes. Anoche tuve esta experiencia: Mientras oraba, vino Satanás y dijo: «¡A este, para que no sirva aquí, le voy a quitar la vista! ¡Que se vaya a su casa!» Satanás buscaba desanimarme. Y, en medio de la oración, alrededor de las 11 de la noche, me quedé ciego. Pero esta mañana...»

No terminé el relato porque en ese punto de mi historia todos se echaron a reír.

—¿Por qué se ríen? —les pregunté, sorprendido.

Y me respondieron:

—Es que a las 11 de la noche la luz se va del pueblo. La planta generadora del pueblo se apaga a esa hora.

Pero yo no lo sabía.

Fue una experiencia que nunca voy a olvidar. Es parte de la formación.

Todo me ha servido en esos años en que el instituto bíblico fue mi conexión con el mundo a través de los ojos de Dios. Yo conocía la vida a través del vicio, el mundo a través de la música, pero ahora podía conocer el mundo a través de los ojos de Dios. Fue un gran privilegio. Y el poder prepararme y salir por los pueblos como misionero me marcó a fuego.

Creo que si solo hubiera estudiado guitarra mi interior se hubiera apagado rápido. Pero el Espíritu Santo me llevó a dicipularme para llegar a multitudes cuidando el corazón de una, yendo por la desamparada, caminando en medio de la nada.

Dicen que los pecadores crecen en su impiedad porque piensan que nadie los está viendo. Yo les aseguro que pasé mucho tiempo por lugares en donde nadie me estaba viendo de veras. Y allí adoré al Señor. Y en medio de los mosquitos elevé mis manos al cielo y le dije: «¡Señor, dame un nuevo corazón, que te alabe noche y día!»

Y así anduve por los caminos, por las montañas de mi pueblo y por la selva de mi país para manifestar mi amor a cada uno de los que Dios ponía a mi alcance. A cada adulto y a cada niño. Su unción tocaba mi vida y mi voz se convertía más y más en un instrumento del Señor.

Así fue como con mi música ministré a aquellos que necesitaban un espacio para el quebrantamiento y el recogimiento interior. Los que se identificaban con mi pasado y podían ser ganados para el Señor. Siempre traté de cantar himnos que no fueran de tristeza sino de alegría. Pobreza había pero no se tenía en cuenta.

Yo venía de un hogar acomodado, donde había abundancia de pan. Abundancia de tortillas mexicanas. Mi padre, además de pastor, era un hombre de negocios. Vendía quesos, carnes frías, los mejores mangos, las mejores papayas, la mejor fruta.

Cuando me mandaron al campo noté la diferencia entre los más pudientes y los que me encontraba en los ranchos de los pueblitos de la selva.

En la época cuando yo tocaba por las cantinas, perdido en mi adolescencia con mi guitarra para ganarme el sustento y no para ganar almas para el Señor, era una vergüenza para mi padre. Él había colocado en los dinteles de la casa frases como estas: «Yo y mi casa serviremos a Jehová», «Cree en el Señor Jesucristo», «Jehová es mi pastor, nada me faltará». Por ese entonces, yo era la vergüenza de mi familia. Por eso es que me identifico tanto con la triste oveja. Esa era mi vida.

Mi padre sufrió mucho porque yo no vivía a la altura del mensaje que él predicaba. Él le daba al pueblo todo lo que tenía, pero sobre todo su ejemplo y su testimonio. Sin embargo, cuando obedecí y fui a prepararme para perseverar y ser fiel a Dios ante cualquier tipo de vicisitudes, eso me sirvió para que luego mi padre pudiera sentirse gozoso por su hijo. Me llegó a ver como un cantante cristiano reconocido. Y tuve la gran bendición de poder compartir con él y con mi madre la prosperidad y abundancia que Dios me dio.

Ellos siguieron viviendo en Sonora hasta el tiempo de dormir en el Señor. Y como pastores, hasta el final. Como tales, dejaron una huella profunda en el pueblo. Mi padre no era de los ricos; sin embargo, los ricos lo respetaban. Aunque no era católico, los católicos lo respetaban. Él sabía en lo que creía y por eso impactó en su comunidad. Me enseñó a caminar los pueblos de un México muy religioso donde no faltaban las persecuciones y los insultos. Hasta hace muy poco, ser evangélico era ser ignorante. Eran riesgos incluidos, parte del trabajo que teníamos que hacer. Y había que pasar esos baches.

Fueron parte de mi preparación los momentos vividos en medio del campo recordando la comida abundante en casa de mis padres, viendo a los otros que luego de seis meses no regresaban al instituto, soportando tribulaciones y presiones mientras otros tomaban el camino contrario y aparentemente les iba mejor.

Terminé mi entrenamiento en el instituto bíblico y volví a casa. Lleno de anécdotas, cargado de entusiasmo y con un deseo fervoroso de contar a otros que Dios puede darles un nuevo corazón para alabarlo noche y día y que en los corazones de cada hombre y mujer que Dios pone en nuestro camino se podrá encontrar su rostro para una adoración profunda.

MANUEL EN LA VIDA DE SU HERMANO MENOR, SAULO

Todos mis hermanos eran misioneros, y siendo yo el menor, veía como algo muy grande el servicio que ellos hacían al Señor.

Recuerdo ver llegar a Manuel, luego de su tiempo de misionero en sus años de preparación. Parecía que llegaba de la guerra, de un campo de concentración.

Eso crea en mí una imagen especial. Cuando mi padre me dijo que era hora que me fuera a estudiar al seminario yo le respondí rotundamente que no. Soy el único que no fui. Todos los demás, al llegar a cierta edad se iban. Era parte de la enseñanza que debíamos recibir: entregar un tiempo de nuestras vidas al Señor.

Cuando Manuel comenzó a viajar con su guitarra, yo lo acompañaba. Él, su guitarra y yo formábamos un trío muy de moda en esa época. Viajábamos de pueblo en pueblo, en Ohio, en Michigan y en otros muchos lugares. Cuando vendíamos un disco, nos repartíamos entre los tres para comer.

Un disco se vendía en 4 dólares. Las hamburguesas de McDonald costaban 99 centavos y reservábamos un dólar para la gasolina.

Dios siempre nos suplía y yo disfrutaba viendo a mi hermano mayor como era bendecido por el Altísimo.

Capítulo 3

C uando Dios abre puertas, abre puertas.
Viajé en autobús desde México hasta los Estados Unidos.

Con mi guitarra y sin conocer el idioma.

Llegué a Nueva York y mientras miraba absorto los rascacielos que me atemorizaban, el miedo se tornó en pánico cuando me di cuenta de lo peor: En el autobús había desaparecido mi maleta, mi guitarra y todos mis documentos.

No sabía si llorar o desaparecer, que para el caso parecía ser lo mismo. Veía pasar a las personas caminando apuradas en todas direcciones. Y nadie me devolvía ni mi maleta, ni mi guitarra, ni mis documentos.

Reaccioné recordando que nada ni nadie podría separarme de mi Cristo Jesús y que a los que creen en Él todas las cosas les ayudan a bien. De modo que guiado por el Espíritu Santo llegué a la Iglesia de Dios de la Tercera Avenida de Manhattan.

Este mejicanito que ni guitarra tenía, fue recibido con todo el amor y la calidez de hermanos en Cristo. Me dieron de comer. Juntaron ropa y me vistieron y me alentaron a no desfallecer. Me dijeron que el ladrón viene para hurtar, pero que el Dios todopoderoso seguía teniendo un plan para mi vida.

Iba cantando de iglesia en iglesia y por las noches volvía a la Tercera Avenida a dormir.

—Broder —me dijo en una oportunidad un enviado de Dios, un ángel diría mejor—. ¡Qué lindo usted canta! Debería grabar un disco.

Decía llamarse Rafael Bonilla, era comerciante, un creyente fiel, de nacionalidad puertorriqueño.

—Sí, hermano, pero no tengo el dinero —le contesté.

—Si quiere le presto el dinero y lo llevo al estudio de grabación.

Así fue como grabé «La triste oveja».

Era un disco de 78 revoluciones con dos canciones: de un lado «La triste oveja» y del otro, «Toma tiempo para orar».

¡Cómo me identificaba con esos títulos!

Siempre dije que yo era la oveja negra descarriada que se fue de la casa. Y el haber sido llamado por Dios en su misericordia me produjo un constante compromiso de tomarme tiempo para orar. Y quería que la gente lo supiera. Por eso, cuando tuve que elegir las canciones, no lo dudé ni un instante. «Toma tiempo para orar» sería una de ellas.

«La triste oveja» fue un gran himno con el que conquisté Nueva York y después Puerto Rico.

Ese fue el principio de mi carrera musical más profesional.

Iba por las diferentes librerías de Nueva York y veía el disco. Hoy me sorprendo de lo vehemente que fui por Dios. Ese disco lo toqué yo, lo canté yo y lo produje yo.

Pintaba a mano las etiquetas porque venían bordeadas nada más y con el centro blanco.

Todas las noches, con un lápiz rojo les daba color porque quería que mis discos fueran más que blanco y negro.

Y todas las noches me iba a una iglesia y vendía. Era increíble la forma en que Dios proveyó. Para cuando empecé a producir mis discos, ya la gente me había regalado ropa, zapatos, corbatas.

Con el fruto de mi trabajo decidí volver a México. Al pasar por Cleveland, líderes de la Iglesia de Dios me hablaron de la importancia de seguir preparándome para servir al Señor. Me dijeron que recibiría una beca para estudiar en la universidad.

Y me fui a la Universidad Lee en Cleveland.

Lo primero que hice al llegar fue presentarme ante el maestro de voz. Mi idea era que yo iba con una voz del campo, rústica, tosca. Y estaba decidido a ser un gran cantante para la gloria de Dios. Haría todo lo necesario para pulir mi voz.

Cuando canté las primeras canciones, el maestro Miller empezó a mover la cabeza.

Yo rápidamente pensé: «No le gustó».

Cuando terminé, me dijo: «No te puedo aceptar en la escuela de canto porque no me atrevería a cambiar tu voz. Es hechura divina y si yo trato de cambiarla es como querer hacer las cosas mejor que Dios, así es que quédate así».

Me sentí algo decepcionado. Pero me di cuenta que mi conservatorio había sido el Señor mismo. Él había transformado esa voz rústica en una voz dulce. En el momento en que le entregué mi vida y mi talento, me dijo: «Yo me voy a encargar de ti».

Le dije al Señor que no quería cantar porque asociaba mi cantar con el mundo, con la farándula. Pero el Señor me dijo: «Manuel (no me dijo Pájaro), antes aullabas; ahora vas a cantar». Y me dio una nueva canción.

Agradezco a Dios por el maestro Miller, porque fue sabio y me dijo: «Lo que tú traes es del cielo». Así que lo acepté de parte de Dios y seguí cantando con este falsete que el Señor me hizo aprender en la escuela de la vida.

Esta media voz me dice cada día que es Dios quien pone un cántico nuevo, quien llega a los corazones de la gente, quien afina bien alto para bendecir y agudo para penetrar en los corazones más duros. Media voz con Dios para mi vida fue más que voz entera pero solo, sin Él. Desde el día de mi conversión mi media voz fue dedicada plenamente al Señor.

Comencé a trabajar en el coro de la universidad y viajamos por diferentes lugares cantando y alabando a Dios.

Un mundo nuevo se abría para mí.

No había día en que no pensara en ese momento en la playa de Sonora. ¡Cómo una situación puede cambiar un sinfín de acciones! Y por cierto que aquella me había llevado por caminos bien diferentes.

Sabiendo que quería cantarle a mi Supremo rey, nuestro Señor Jesucristo, había pasado todo tipo de pruebas y presiones y me había forjado. Luego Dios comenzó a usarme como instrumento.

En la universidad empecé a estudiar inglés.

El edificio donde funcionaba la universidad era señorial y tenía cuatro pisos. Mi dormitorio era una habitación en el segundo piso con vista a los jardines exteriores.

Mi compañero de cuarto era Samuel, un gringo argentino que sus padres habían criado en el Chaco. Alto, rubio, estudioso. En nada nos parecíamos. Sí, nos parecíamos en algo: en el gran amor que sentíamos por Dios y Su Palabra y en el ferviente deseo de servirle a Él y a Su gente.

Fuimos compañeros durante dos períodos escolares en los años 1961 a 1963.

El Departamento de Misiones de la Iglesia de Dios fue muy generoso con él también. Un hombre maravilloso. Fundó junto a su padre la primera Iglesia de Dios en la provincia del Chaco en Argentina. Y cuando terminó sus estudios, inmediatamente volvió a su tierra donde ministró al Señor durante seis años, para luego seguir sirviendo al Señor en Indonesia y en Estados Unidos.

Cuando llegué al cuarto y ví a ese hombre rubio, pensé: «Ni siquiera con mi compañero me podré comunicar». En esos tiempos en la universidad nadie hablaba español.

Me miró y me dijo: «Me llamo Samuel. Me dijeron que me asignarían a tu cuarto».

¡Cuando lo escuché solo atiné a darle un fuerte abrazo! La calidez del idioma en ese cuarto era todo lo que necesitaba y ese «gringo» me estaba hablando fluidamente en español.

Samuel era muy aplicado y fue de gran bendición para mi vida. Estudiaba y estudiaba. Yo mucho menos que él.

Pero en los exámenes siempre teníamos buenas notas. Él no podía creer que con lo poco que me dedicaba sacara tan buenas notas.

En una ocasión, Samuel estudió durante toda la noche la materia de una clase de introducción a la doctrina cristiana que ambos llevábamos. Estudió, se desveló, no durmió, memorizó. Y nos dieron un examen de falso o verdadero. Eran como cien preguntas en las que solo se requería contestar falso o verdadero. Con todo lo que estudió, Samuel pasó con un siete. Yo lo hice con un diez.

Y nos reíamos mucho de eso.

Había camaradería. Nuestro cuarto contaba con el sonido de la guitarra como música de fondo.

Apenas llegué me integré al coro. Y Dios comenzó a poner en los oídos y corazones de muchos hermanos norteamericanos el talento que me había dado.

Al poco tiempo había desarrollado fluidamente mi inglés y hasta pude ayudar a Samuel con el de él.

La primera navidad nos enviaron a Samuel y a mí a ministrar a Miami. Era el comienzo de los 60 y una gran cantidad de cubanos y puertorriqueños principiaban a llegar para poblar esa hermosa ciudad.

Visitamos la Iglesia de Dios y el pastor nos dio nuestro espacio. Samuel, con el estilo que lo caracterizaba, comenzó a predicar y a dar testimonio, logrando que la gente prestara atención.

Me miró, de modo que suavemente saqué mi guitarra y manifesté su poder a través de la música. Los ojos se posaron en mí. Las manos comenzaron a levantarse, los corazones palpitaban más y más fuerte. El pastor que hasta ese momento realizaba otras tareas sentado al lado del púlpito, alzó la vista y se quedó absorto viendo la unción caer sobre los corazones de aquellos hermanos. Cantamos varios temas más y vimos pasar al altar a personas arrepentidas. Algunos con el corazón destrozado por haberse separado de sus familias, sabiendo que Dios los estaba sanando y a muchos más.

Terminó el culto y la gente se me abalanzó con ofrecimientos a comer o pidiéndome que cantara otra vez la última canción. Por mi mente aparecieron las horas estudiando y las horas en cada iglesia ministrando así, llegando al corazón, y comencé a pensar en dejar la universidad y dedicarme a lo que Dios me había llamado a hacer, sin obstáculos, todo el día, toda la vida.

Comenzaba mi carrera como cantante cristiano y poco a poco iba viendo cómo Dios había decidido suplirme y sostenerme a través de la música.

Dediqué esos años a ser un servidor fiel y obediente en el coro de la Universidad Lee. Con el tiempo llegué a ser el cantante principal, la figura del coro. Nuestro potencial aumentaba más y más y así también mi felicidad. Aprendía en la universidad, cantaba en el coro, viajaba por las congregaciones, tenía amigos, conocía nuevos lugares. Sí que había situaciones para estar agradecido. Pero Dios siempre te invita a nuevos niveles de compromiso.

Un día apareció en una de nuestras presentaciones una persona de *Glorytones Records*. Al terminar de ministrar se me acercó y me ofreció grabar un sencillo con ellos. Yo quedé sorprendido.

En inglés me dijo: «Tú eres el "spanish singer" que necesitamos. Queremos que nos cantes en español y en inglés. Grabaremos y saldremos de gira».

Llegué al cuarto y esa noche no pude dormir. Me estaban invitando a grabar con ellos. Y lo promocionarían. Y cantaría en diferentes lugares.

Sin embargo, estaba muy claro en mi corazón que por más que mi inglés ya era muy fluido y mi música gustaba mucho a los americanos, yo había sido llamado a cantar en español. Y no solo a gustar con mi música, sino a romper ligazones de esclavitud, liberar a los cautivos de las garras del enemigo, convertir al incrédulo.

Qué interesante... Apenitas después de la preparación vino la tentación. Podía elegir nuevamente. Ya no un mundo de vicios, pero sí un mundo enviciado o cantar para mi Dios. Ser famoso y cantar en inglés o hacerlo en español.

Acepté grabar aquel sencillo y pronto comenzó a circular por las iglesias y congregaciones de la Iglesia de Dios. Debajo de mi foto, hecha en el estudio mientras grabábamos el disco, se podía leer: Manuel Bonilla "The Spanish Singer".

Con el coro también grabamos un larga duración. Pero pronto descubrí que entre las giras del coro y las mías personales se hacía muy difícil el estudio.

Por aquellos años solo había una manera de liderar, de ministrar, de servir a Dios desde el púlpito y era siendo pastor, predicador, pregonero de la Palabra escrita. Yo me esforzaba por serlo pero cada vez que llamaba al altar luego de una prédica no lograba los frutos que sí veía ante cada nota tocada o estribillo cantado.

El cantante era un pastor secundario. Solo la Biblia hablada salvaba. O así lo creíamos. Por esos días fue necesario hacer otra decisión: O seguía estudiando y ministraba como pastor o me dedicaba a la alabanza y ministraba con la música.

Para mí que no necesitaba la pregunta porque nunca dudé de la respuesta. Dios me había llamado a cantarle a multitudes y eso era lo que iba a hacer.

Los títulos, los renombres, o las maestrías poco me importaban a la hora de tomar mi guitarra y con mi voz alabar a Dios.

Cuando estábamos completando el segundo semestre del segundo año me junté con Samuel en el cuarto y le dije:

—Me voy a ir.

–¿Por qué –me respondió, sorprendido–, si te está yendo tan bien en el estudio, en los viajes, en la vida?

–Dios me está llamando a tomar mi guitarra y recorrer los pueblos –le contesté–. Lo que tenía que aprender aquí ya lo aprendí.

Con cada día que pasa nuestra amistad con Samuel se acrecienta más. Han pasado décadas y caminos bifurcados pero siempre nos respetamos y oramos por lo que Dios tenía preparado para el otro.

Con los años, Samuel regresó de Indonesia y fue invitado a abrir un instituto ministerial de entrenamiento para hispanos en Texas. Me invitó a cantar y fui con toda mi familia.

Nos abrazamos como aquel primer día. De allí en adelante cada tanto nos vemos pero siempre recordamos que cuando Dios estaba sembrando y removiendo la tierra de nuestras almas para convertirla en tierra firme, estábamos uno al lado del otro.

Me hizo llorar de emoción cuando lo escuché decir ante el público: «El Manuel que ustedes ven aquí, el Manuel que ustedes escuchan hablar, es el mismo Manuel que su familia y sus amigos más íntimos conocemos. No hay dos Manueles. No hay un Manuel público y un Manuel privado. La única diferencia es que el Manuel público va a estar un poco más elegantemente vestido. Pero es un solo Manuel. Yo creo que en algunos ministerios hay a veces gente con doble personalidad. Son una cosa con la familia y otra con el público. Que él sea una única persona es algo que yo valoro y aprecio mucho. Yo nunca cuestionaría la integridad, la honestidad y la sinceridad de Manuel».

Salí de la universidad al mundo. Unos cuantos años dedicados a prepararme habían forjado en mí una convicción muy fuerte de lo que Dios quería. Veía cómo las iglesias comenzaban a estallar. Muchas personas nuevas visitaban las congregaciones semana a semana. Y yo no solo listo, sino también preparado.

Volví a Nueva York y desde allí cantaba en muchas iglesias en derredor. Seguía viviendo en la casa pastoral, con los hermanos que cuidaban la casa, en la iglesia de la tercera avenida. Cuando regresaba por las noches venía cargado de comida y la señora morena decía: «Muchacho, no andes comprando y no andes sacando el dinero». Porque yo venía cargado de dinero y lo ponía en le mesa. ¡No eran ofrendas! Era el producto de la venta de mis discos que ofrecía en cada presentación. En ese momento lo supe. Dios me lo enseñó y toda mi vida lo llevé a cabo. Si Cristo invita, Cristo paga. ¡Y mira que pagaba!

En cada presentación se vendían más y más discos, los que teníamos que reponer rápidamente para seguir vendiendo.

También necesitábamos seguir grabando. Con otros dos hermanos puertorriqueños formamos un trío que fue de mucha bendición. Los tríos eran muy apreciados en aquella época y nosotros no fuimos la excepción. Con el dinero que ganamos por la venta del primer sencillo decidimos ir a Puerto Rico a grabar nuestro primer larga duración. Su título sería: "Como un rayo de luz", que después cambiamos a "Soy la triste oveja". Pensábamos que si habíamos vendido tan bien el sencillo, con este no podría irnos mal. Sentíamos muy fuerte que Dios nos estaba invitando a subir un peldaño en nuestra relación y compromiso con Él.

Y nos fuimos. La isla nos recibió como siempre, con los brazos abiertos. Grabamos "Soy la triste oveja" y "A mi supremo rey". Seguimos visitando iglesias y convenciones. Y nuestros discos salían cada día más.

Después de casarse, una de mis hermanas se había mudado a Puerto Rico. Ella nos atendía y cuidaba.

Lo que Dios había prometido lo había cumplido. Trabajábamos mucho, sin descanso, ministrando de de iglesia en iglesia. Ayudando a cada hombre que no conocía a Dios a conocerlo a través de nuestra música. A que más y más alabaran y adoraran al Creador. Que también dijeran: «Dedico mi vida al Rey de reyes y Señor de señores». No nos deteníamos.

Notaba que cada día mi voz parecía más potente. Creo que el Espíritu Santo se manifestaba fuertemente por medio de ella. Y mi corazón estaba entregado a hacer lo que Dios me había llamado a hacer. No tenía ninguna duda. Cantaría a millones. A estadios llenos, con miles viéndome cada semana, con miles convirtiéndose y acompañándonos cada día. Sabía que el camino hacia aquella meta era un camino firme. Multitudes, estadios. Pero cada noche de vigilia volvía al lugar donde me tocaba pernoctar y estaba solo. Cada noche me acurrucaba fuerte con muchas frazadas, porque todavía no tenía ayuda idónea con quien compartir esta dicha, esta vida, este camino. Dios, sin embargo, había reservado a alguien para mí desde antes de la fundación del mundo. Y fui por ella...

La hice llorar toda esa semana.

Las cosas no sucedieron como habíamos planeado. Cuando fui por ella todo estaba saliendo a las mil maravillas.

ANITA

La conocí cuando era muy pequeña, en ese retiro de jóvenes en la playa donde me convertí.

Cuando tenía dieciocho años oí de una familia muy conocida. Las hijas eran seis mujeres. Las Gonzáles. Todas muy lindas. «¿Conoces a las Gonzáles?» era la pregunta obligada en los grupos de muchachos.

La familia Gonzáles era una familia muy fina. Las chicas eran muy calladas. Vivían en Agua Prieta, Sonora. Yo vivía a varias horas de allí.

Eran calladas…, pero muy diferentes a las demás. Por aquel entonces todo el mundo quería ir a Agua Prieta para conocer a las Gonzáles.

Unos años después, mientras estaba en el Instituto Bíblico de Hermosilla y antes de conocer a Anita, conocí a su hermano, José. En broma le decía: «Tú vas a ser mi cuñado» a lo que él respondía: «Si estás pensando en la mayor, es muy grande y si estás pensando en Ana, es muy chiquita».

En ese tiempo yo tendría unos veinte años y Anita iba a las reuniones cristianas y me conocía de ahí.

Yo seguí insistiendo con la broma.

Cuando volví de la universidad y antes de comenzar mis primeras giras fui a un retiro de jóvenes. Eran los espacios donde uno se encuentra con amigos y amigas y conversa con todas. Y para qué negarlo, estaba muy pretendido en ese tiempo. Se juntaron como tres o cuatro amigas de las preferidas de Anita y sabiendo mi broma ella les decía: «Si lo quieren, ahí lo tienen». Y ella se reservaba. Y yo cada vez más la quería a ella por no ser agresiva. Ella no daba señales de que yo le interesara. A mí me fascinaba mirarla a la distancia. En una oportunidad le comenté a mi madre:

—Mira, mamá, aquella muchacha que está allá quiero que sea mi esposa.

Y mi mamá me dijo:

—¡Pero si ni siquiera es tu novia!

Yo le dije:

—Quiero que sea mi esposa.

Se lo había dicho a mi papá, a mi tía, a todos, menos a ella.

Después me acerqué a ella y fuimos amigos por un tiempo.

Luego fue cuando me dieron la beca y me fui por dos o tres años a Cleveland, a la universidad de la Iglesia de Dios.

Me establecí en los Estados Unidos. En la universidad me hice amigo de muchas chicas. Yo era muy amiguero.

A la distancia pensaba en ella, pero nada más que pensaba. Mientras tanto ella crecía y estudiaba. Varios hombres se le habían acercado, pero cada vez que pensaba alguna opción, la imagen de Manuel se le aparecía entre medio. Era muy chica para saber si estaba enamorada, pero era una sensación muy especial.

Después de un tiempo la familia Gonzáles se mudó a Douglas, en la frontera de los Estados Unidos.

Y nos volvimos a encontrar.

Yo presentía que ella era la persona que Dios quería para mí y se lo dije a toda mi familia.

Por ese entonces no éramos novios, tan solo amigos. Pero cada vez que sonreía me derretía. En las conversaciones siempre estaba presente Anita. Yo cantaba al amor recordándola.

Un día, después de haber vuelto de Puerto Rico, busqué el momento para hablarle. En vez de decirle si quería ser mi novia, le pregunté si quería ser mi esposa.

Lo más lindo de todo es que me dijo que sí.

La pregunta la había tomado por sorpresa. Pero era lo que ella también tenía en su corazón. Y como siempre, fue muy calladita, pero muy convencida de lo que quería. Así ha sido siempre. Cuando sabe lo que quiere, no duda. Así fue en esta oportunidad. Y me dijo que sí.

Pero la hice llorar.

No fue mi intención. Pero las cosas no salieron como yo esperaba.

Le propuse que nos casáramos dentro de cinco meses.

Yo estaba muy entusiasmado con las ventas de mi primer disco y creía que con los compromisos que tenía en las ventas nos ayudarían a sostener la boda. «Iré a Puerto Rico y a Nueva York», le dije. «Allí venderé toda la producción y te enviaré dinero para el vestido de novia y para la fiesta. Tú pídelo. Y contrata todo que en cinco meses nos casaremos».

Y me creyó.

Pero no regresé cuando dije que lo haría. Y ella lloró con un anillo en la mano durante siete días. Pensaba que no volvería.

Fui a Nueva York, a vivir nuevamente en la casa pastoral de la Iglesia de Dios en Manhattan. Apenas llegué vendí toda la producción. La llamé por teléfono y le conté lo sucedido y la invité a que comprara lo necesario. «Te enviaré el dinero», le aseguré. Y le mandé lo que cobré por el adelanto. Pero luego los que me dijeron que me iban a pagar no lo hicieron. Repartí toda mi mercancía y el dinero no aparecía.

Salía desesperado cada noche a cantar, pero vendía poquito. Y la fecha estaba por llegar. A una semana de la boda, casi nada teníamos.

Anita no pudo sacar el vestido y yo ni hablar de mi traje.

Me las vi tristemente apretado. Vendía un poquito por acá y otro por allá pero no me alcanzaba.

Yo le había dicho por teléfono que le mandaría un poco de dinero para que separara el vestido, pero como no había tenido para mandarle, el vestido todavía estaba en la tienda. Llegó el día antes de la boda. Ya estaban por cerrar y yo no tenía nada. A último momento un amigo me prestó el dinero.

Todavía me faltaba para la boda. Mi linda suegra me dijo: «Hermano Manuel: mi esposo y yo vamos a cooperar con la comida».

Mi suegro era ranchero. Fue al rancho, mató unas ovejitas y mi suegra las cocinó. Y así salí al otro lado.

Pero ese capítulo fue horrible no obstante que recibí el regalo más grande que Dios me ha dado: Anita. Ella ha sido mi bálsamo en cada momento. Es verdad que Dios tiene preparada una mujer para cada hombre. Yo nunca dudé que Anita era la mujer especial que Dios había reservado para que mi vida pudiera afectar la vida de miles.

Nos casó mi hermano Antonino, quien para ese tiempo hacía muchos años que oficiaba como pastor.

Inmediatamente después de la boda me ofrecieron el trabajo de director de Música de la Escuela Bíblica en Hermosilla, Sonora. Y hacia allá nos fuimos. Y allá llegamos.

Recorriendo las instalaciones descubrimos que el lugar donde querían que viviéramos era tan pequeño que solo cabía una cama. La comida era en la casa pastoral de la iglesia principal.

El salario sería un dólar con veinticinco centavos a la semana.

El presupuesto era muy apretado y luego Anita quedó embarazada.

Yo no sabía qué hacer, con ese dinero no me alcanzaba para nada.

Cantando en una convención, se me acercó un hombre que me adulaba, que hablaba seguido de todo lo que le gustaba mi música. Hasta que me dijo: «Vamos para Puerto Rico. Serás el director de la escuela de música de nuestra iglesia».

Las cosas no estaban saliendo como yo imaginaba pero como quería impresionar a mi esposa, acepté la invitación. Pedí dinero prestado y nos fuimos. Cuando llegamos allá, descubrimos que todo había sido una farsa. El hombre me había engañado miserablemente. Cuando me vio allí, me dijo: «¿Pero tú estás loco? ¡Cómo pudiste viajar hasta aquí para tomar el trabajo!»

Nos recibió la Iglesia de los Discípulos de Cristo que fue de gran ayuda para Anita y para mí.

Pero poco a poco todo se fue tornando negro. ¡Lo que es una mala decisión! ¡Para qué habré viajado a Puerto Rico! Eso me pasó por ir delante del Señor. Me veo como aquel que le dice a Dios todo lo que tiene que hacer para bendecir su vida. ¡Y vaya que le dije! Cuando Él hablaba, yo casi no escuchaba. Cómo iba a escuchar si era yo el que hablaba todo el tiempo.

Y la tentación llegó. No teníamos comida, Anita estaba embarazada, el lugar donde dormíamos era muy pequeño y todas las puertas se estaban cerrando.

Me vi tentado a cantar música popular romántica. Los "Discos Marbella" nos hicieron una oferta.

Teníamos un contrato para firmar con el mejor hotel de San Juan. Cantaría todas las noches música tropical y boleros románticos.

El embarazo de Anita seguía avanzado.

Me acerqué a ella y le dije:

—Perdóname Anita, pero no tengo otro trabajo. Estás amarilla. No has tomado ninguna vitamina. No has visitado a ningún doctor.

En medio de esa habitación vacía, de ese cuarto sin muebles donde nos encontrábamos hospedados a la buena de Dios, le dije que me iba a dedicar a hacer música del mundo.

—Voy a firmar este contrato. Así te atenderé a ti, le compraré la cama a la niña, tendremos para comer.

Su respuesta me dejó sin aliento:

—Prefiero morirme antes que vuelvas a cantar lo que cantabas cuando no conocías al Señor.

Mientras tanto, el Espíritu Santo me decía: «Ahora sí que vas a ser la triste oveja si vuelves a cantar canciones del mundo, por más dulces y melódicas que parezcan».

En medio de toda esa situación, recibí una invitación de una iglesia donde me dijeron: «Hermano Manuel, queremos que venga a cantarnos a los jóvenes. Ellos están decaídos, y queremos que les cuente cómo es vivir una vida victoriosa».

Era una iglesia de los Discípulos de Cristo del área de Bayamón.

Cuando estaba ministrándoles a los jóvenes: «Mira que te mando que te esfuerces y seas valiente, no temas ni desmayes», sentí una voz que me decía en mis oídos y en mi cerebro: «¡Mentiras..., mentiras, eres un mentiroso! Ya te tengo. Vas a firmar el contrato, no tienes otra forma de cómo vivir, vas a trabajar para mí».

Yo seguía insistiendo, pero con palabras huecas; tan huecas que cuando hice el llamamiento el primero y único que hizo un pacto de reencontrarse con el Señor fui yo. Nadie más.

Hincado en el piso le decía: «Señor, perdóname, porque estuve a punto de dejarte y pensar solo en mí».

Esa era la última reunión que podía tener en Puerto Rico porque se me había vencido la visa. Me despedí de ellos diciéndoles que el gobierno de los Estados Unidos me ordenaba que volviera a México porque se me había vencido la visa.

Cuando dije eso, no sabía que en la congregación había un oficial de inmigración. El hombre, que había sido tocado por mi música, me dijo al tiempo que me pasaba una tarjeta: «Esta es mi tarjeta. Preséntate mañana. Voy a ayudarte».

Al otro día fui a su oficina.

Me recibió y me dijo: «Todo lo que tienes que hacer es irte a República Dominicana y allá en la entrada te ayudaré para que entres con papeles de inmigrante».

¿Pero cómo me iba a República Dominicana?

Cuando estaba al borde del abismo, que me caía y no me caía, llegó el movimiento «Evangelismo a fondo». Me invitaron para que fuera el cantante en ese país.

Dios nunca llega tarde y mucho menos cuando se trata de mostrar su misericordia con los cautivos.

Así fue como surgió la invitación a República Dominicana, a la cruzada de «Evangelismo a fondo».

En esa cruzada, el Señor bendijo y me confirmó que a eso me había llamado.

Fuimos en avión. Me dieron alojamiento en casa de unos misioneros. Al día de haber llegado participé de mi primer cruzada en Santo Domingo, con alrededor de 5.000 personas, luego otra en La Romana, en San Pedro de Macarise.

Otra vez probado por fuego, porque era el tiempo de guerra con Trujillo.

Tiempo de muertes en la hermosa república.

No sabíamos si nos iban a balear. El país completo estaba bajo toque de queda. Por la situación política imperante, las cruzadas debían terminar en un horario determinado.

Mientras, Anita quedó sola en Puerto Rico. Ya había dado a luz.

Annabelle nació en Puerto Rico.

Lo recuerdo por la cuna que nos había comprado el coro de la Iglesia Discípulos de Cristo. Entre ellos juntaron el dinero para el ajuar del bebé, los pañales y todo lo necesario.

Cuando decidí servir al Señor, Él abrió las ventanas de los cielos y fuimos bendecidos.

Regresé de mi viaje victorioso y en comunión con Dios. Mi esposa me dijo: «Vámonos de aquí. No quiero quedarme».

Y volvimos a México.

En Puerto Rico siempre me han tratado muy bien. No solo mi niña lleva a la isla de los sueños en el corazón. Nosotros también. Pero esos días fueron difíciles. A punto estuvimos como el joven rico de dar la vuelta y terminar cantando en un hotel entre copa y copa. A muy poco estuvimos de ello. Pero Dios me dio una mujer maravillosa.

Ya no era yo solo quien tenía que bregar contra las circunstancias cuando los cielos se ponían oscuros por presiones o por consecuencias. Ella también podía hacerlo. Desde ese día, cada día de mi vida confié en Dios y en mi esposa. Y disfruto de saber que no tengo que impresionarla, solo amarla y vivir con ella siendo uno.

Volvimos luego de las cruzadas, del calor que nos dio la Iglesia Discípulos de Cristo y preparados para juntos dar nuestro máximo donde Dios nos llamara.

Manuel Bonilla grabando su primer disco

MANUEL ES MI HÉROE

**Manny Bonilla, hijo mayor de Manuel Bonilla y hoy
uno de los mejores camarógrafos de Hollywood**

Mi padre es un hombre de carácter. Lo que mi papá dice en el púlpito es lo que es en la casa. No tiene doblez. Un hombre muy tierno a su manera. Él nunca para. Siempre quiere ir por el siguiente nivel de excelencia. En sus relaciones personales, en su profesión y en su relación con Dios. No es una persona que se puede sentar con algo regular.

Es un buen padre. Es mi héroe. Es un campeón.

Nos entendemos. Tenemos hoy mucho respeto entre nosotros.

Alguna gente piensa que porque eres Manuel Bonilla no te pasa nada, pero le toca a todos.

Mi papá es un hombre normal y un gran hombre. Pero para mí, mi papá es mi héroe.

Capítulo 4

V olvimos a México con una niña en los brazos y mucho aprendizaje.

Yo había aprendido que no se puede ir delante de Dios y que esa hermosa mujer que Dios me había dado era mi perfecto complemento y debía escucharla.

Cuando regresamos, Annabelle tenía seis meses. Fuimos a la casa de los padres de Anita en Douglas, en los Estados Unidos.

Nos alojamos y sabíamos que Dios tenía grandes cosas para nosotros. Las percibíamos.

Esa misma semana me invitaron a cantar a una convención de las Asambleas de Dios. El orador de la misma era el Hermano Pablo.

Yo ya sabía quien era él, pero él no sabía nada de mí.

Para aquellos tiempos el Hermano Pablo tenía un programa de radio en California y había sido misionero.

Ingresé rozagante y ungido. Comencé a cantar «Como mi Dios».

Vi cómo me observaba cantar. Sabía que Dios estaba actuando pero todavía no sabía en qué.

Salí del recinto y él se me acercó. Me felicitó por la ministración y me dijo:

—Estoy por hacer una cruzada para Latinoamérica, ¿quieres venir conmigo?

—Sí —le respondí inmediatamente.

—Bien —exclamó con gozo en su rostro—. Tenemos que orar por finanzas.

Y fue muy bueno porque pude ver cómo Dios nos iba a dar el dinero. Y el dinero apareció.

Entonces le dije:

—Yo pagaré mi pasaje. Voy a ir a una convención en Hermosillo y voy a vender suficientes discos para juntar plata para eso.

Y cargué mi carro de discos y me fui.

Resulta que llovió, se inundó la comarca y la gente no fue.

Avergonzado, llamé al Hermano Pablo y le conté que la convención había sido un fracaso, que no había vendido ningún disco... Pero la noche antes de llamarlo desde México a Los Ángeles tuve un sueño. Y cuando lo llamé le dije:

—Pero tuve un sueño.

—¿Y qué soñaste?

—Soñé que usted y yo habíamos ido a una iglesia y habían muchos autobuses y la gente en los autobuses decía: «Vamos a Bolivia» y yo quería ir..., y se acercó una dama y me dijo: «Aquí tiene para su pasaje».

—¿Y cómo era esa dama? —me preguntó riendo el Hermano Pablo.

—Era grandota y viejecita —le respondí.

—Pues anoche prediqué en una iglesia —me dijo—, y les conté acerca de nuestro viaje. Se me acercó una señora jovencita y me dio el dinero para cubrir los costos de tu pasaje para que vayas conmigo a la cruzada en Bolivia.

—¡Amén, hermano! —grité al teléfono.

Él también gritaba de contento. Hasta que se detuvo y habló:

—Oye, Manuel, lo que sí debes saber es que en tu sueño profético la mujer era viejecita y la que vino ante de mí era más bien joven. ¿Qué dices a eso?

—Usted sabe, Hermano Pablo —le dije—. Siempre las mujeres se quitan años.

Y ambos reímos de gozo por lo que el Señor estaba haciendo en nuestras vidas y en las de otros, como lo haría por años, con millones de personas a las que el Hermano Pablo ministró.

El Hermano Pablo era un caballero. Un hombre muy sencillo. Era sensible a la necesidad de la gente. A nadie ofendía, con nadie se peleaba, a todos perdonaba.

El trabajo que hacíamos en el púlpito era excelente, guiados por el Espíritu Santo.

Él me decía que iba a hablar sobre los Diez Mandamientos y yo tenía que buscar sobre lo que iba a cantar.

Y el Señor, por medio de la predicación que él estaba dando, me indicaba que corroborara su pensamiento con un himno.

Y yo tomaba el tono y decía: «Este himno va para corroborarlo», y me paraba detrás de él, no al costado sino detrás, y él me miraba de reojo y me decía: «Meme, pasa». Tenía confianza ciega de que yo iba a cantar lo correcto. Se hacía a un lado del micrófono, pasaba yo y cantaba: «Esclavo era yo sin esperanza».

En esa primera cruzada viajamos a Cochabamba y La Paz. Fuimos el Hermano Pablo y yo. Nadie más.

Él había sido misionero en El Salvador y trabajado en radio un buen tiempo, pero no tenía experiencia en lo que sucedería de allí en más con su vida.

Pero Dios sí. Y había entrenado su corazón y el mío para ese momento.

Nos dimos cuenta que sintonizábamos bastante. Aquel fue el comienzo de muchos años de andar juntos por cada ciudad de Latinoamérica a las que el Señor nos llamaba a ministrar.

Él era compositor, tocaba el acordeón y yo cantaba algunos himnos de los que él componía. Dios lo usó bastante. Hicimos una buena conexión.

Una cruzada era un tiempo especial. La gente se acercaba y pedía que oráramos por ellos, que los aconsejáramos, que estuviéramos presentes. Todo estaba muy bien organizado por la gente del lugar.

Llegamos a Cochabamba y allí estaba todo el cuerpo ministerial apoyando, todas las iglesias.

Ellos conocían mi voz a través de mi música y conocían su voz a través de los mensajes radiales «Un mensaje a la conciencia».

Teníamos un alcance doble.

Pablo es un gran hombre de Dios y yo quise siempre someterme a él como un Timoteo. Íbamos a las cárceles con el mismo plan, él hablaba y yo cantaba y las almas venían al Señor. Íbamos a la televisión y lo mismo sucedía. A todos lados íbamos juntos.

Quizás él sea el hombre que Dios ha usado para llegar a millones de personas en la historia del cristianismo de nuestro tiempo.

En cada una de sus cruzadas veíamos al Hermano Pablo predicar con su andar. Quizás no haya habido grandes manifestaciones de sanidad pero había muchas almas salvadas. ¿Y puede haber una sanidad más grande que traer a las personas de muerte a vida? ¡De las garras y gobierno del enemigo al maravilloso reino de su amado Hijo!

Algunas personas me decían: «Sus cruzadas no son de milagros». Y yo les decía que sí eran de milagros. El milagro más grande y el testimonio más grande es ver a las almas venir al altar. Lo que me gustaba mucho de Pablo es que él me incluía en la cosecha, porque uno tiende a decir: «¡Mira las almas que Dios me dio!»

Él, en cambio, decía: «Mira las almas que cosechamos».

Nos regocijábamos juntos. Éramos un equipo de trabajo donde compartíamos las ganancias espirituales.

No era repartirnos las ofrendas, porque una de las cosas buenas que tenía Pablo era que no quería salir del país dejando al cuerpo pastoral endeudado. Así que cuando se juntaban las ofrendas, decía: «Primero se pagan todos los gastos y si después queda para una Coca Cola, la tomamos».

Así que fue una tremenda bendición la enseñanza que recibí. Los principios, la ética.

A él, cientos de emisoras le ofrecían el tiempo regalado para tener su programa.

Yo le administraba su programación en cuanto a la elaboración del material, y me daba cuenta que eran cientos de emisoras las que auspiciaban la programación del Hermano Pablo.

Las cruzadas cambiaron las vidas de miles o millones de personas. Eran tiempos especiales. Y todo comenzó con la primera, en Bolivia.

Cada noche era especial.

Miles se acercaban al Señor. Y noche a noche nos pasaban un listado de todas esas almas convertidas.

A la mañana siguiente nos reuníamos con la junta de pastores y se repartían las tarjetas de cada persona convertida por los diferentes lugares a los que pertenecían.

Era maravilloso escuchar: «Estas almas de la Colonia Fidelidad son para el pastor Gomez. Aquí hay treinta y cinco almas de la Colonia Esperanza para tal pastor. Hermano Joel, aquí te van cincuenta almas».

A la hora del altar, el Hermano Pablo daba la oportunidad de que se regalara un Nuevo Testamento a cada uno de los que principiaban a formar parte de la familia de Dios. Se les tomaban sus nombres y los consejeros, servidores y pastores estaban listos para darles la bienvenida en el templo de su localidad.

En otras ocasiones se sacaba a las personas a un lateral y el Hermano Pablo oraba por ellos. Yo estaba listo con la guitarra para pedirle a todo el mundo que cantara conmigo: «Dame un nuevo corazón, que te alabe noche y día...»

¡Qué lindo poder inyectar, sembrar en el corazón y en la mente de la gente la necesidad de que Dios les dé un nuevo corazón para adorarle! Eso era lo que cantábamos. Sencillo, pero poderoso.

A cada persona que había recibido su Nuevo Testamento se le estimulaba para que al día siguiente llevara a sus parientes. Se les decía: «Mañana traiga a sus abuelos porque vamos a dar un mensaje sobre la familia». Y al otro día se les decía: «Mañana hablaremos sobre la juventud». Siempre estábamos estimulando a los que ya se habían convertido para que trajeran a otros.

Estas cruzadas duraban aproximadamente dos semanas. Era muy lindo. Y no eran en lugares cerrados. Eran en estadios al aire libre donde multitudes se acercaban cada día.

Participar en ellas también implicaba sacrificios. En mi caso, tuve que desprenderme de mi familia en mi segundo año de matrimonio. Las cruzadas a Bolivia duraron siete semanas. Sí. ¡Siete semanas!

Hoy no puedo estar sin mi Anita ni un solo día, y en aquella época estuve siete semanas sin ella y mi Belle, que por cierto era aun muy pequeñita.

Y no había comunicaciones como ahora que uno está siempre disponible para conversar. En aquella época salía muy caro llamar de Santa Cruz de la Sierra. Como tampoco teníamos teléfono en casa buscábamos algún radioaficionado de onda corta y hablábamos por radio. A Anita no le gustaba mucho ese sistema por el ruido con que se entrelazaba. Eso nos hacía estar muy lejos de casa y sin poder hablar, o saber qué estaba ocurriendo.

El Hermano Pablo era misionero de las Asambleas de Dios. Ellos organizaban las cruzadas. Cuando llegábamos, tenían los estadios y toda la organización listos.

Aquí apareció otra situación más en mi vida donde tuve que marcar el rumbo que otros siguieron.

Yo había crecido en la Iglesia de Dios. Ellos me cuidaron desde mi conversión, me instruyeron, me prepararon, me abrieron las puertas de cada iglesia para que desarrollara mi ministerio.

Y la invitación provenía de otra denominación. No se estilaba ir por las iglesias sin importar su denominación. La iglesia era «la casa del Padre».

Lo más lindo de todo lo mío es que no había barreras denominacionales. Bautistas, Iglesias de Dios, Discípulos de Cristo, Asambleas de Dios.

Pero tuve problemas con mi propia iglesia por haber ido a una Iglesia Bautista a cantar. El ministro me dijo: «Si vas a andar cantando con los bautistas, no tienes lugar en la Iglesia de Dios». Me acuerdo que casi me corrieron por cantarles a los bautistas.

Pero después de eso, las puertas estaban abiertas dondequiera, en todas las denominaciones. La música no tiene barreras.

Era una epoca cuando pertenecer a la denominación era fundamental. Y uno debía ser fiel a su denominación, sin coquetear con nadie ni visitar a nadie.

Hoy hay muchos ministerios musicales que ni denominación ni pastor tienen. No tienen sujeción, no tienen cobertura. Cada ministerio tiene sus propias reglas. Y van a donde les suene el teléfono.

Aunque mi membresía siempre ha sido en la Iglesia de Dios, gracias a Dios que tengo a mi pastor a quien llamo para consejería: Danny de León, pastor del Templo Calvario de las Asambleas de Dios en Santa Ana, California.

Por aquel tiempo teníamos 2 ó 3 cruzadas por año.

El Hermano Pablo quería que estuviéramos más cerca de él, ya que teníamos que preparar todo antes de cada cruzada y después de ella. Lo mejor era que viviéramos lo más juntos posible. Así que nos mudamos a Santa Ana, California.

Bajo la oferta y una muy pequeña ayuda financiera que él me daba para pagar mi casa, me fui a California.

Dos años después de haber comenzado el ministerio con el Hermano Pablo nació mi primogénito, Manny, Jr. ¡Qué niño especial! Siempre inquieto. Lo recuerdo entre viaje y viaje en mi falda y correteando a mi alrededor. Y era bello. Anita lo vestía con esa ropa que lo hacía lucir como un muñeco.

En medio de tanta bendición, viajes, conferencias, cruzadas, conciertos, este hijo varón era recibir de Dios más abundantemente de lo que pedía o entendía. Pero siendo muy pequeñito cayó enfermo con una fuerte tos.

Durante días, semanas, estuvimos cuidándolo.

En una llamada del Hermano Pablo, me dijo: «Tráelo para acá».

Yo sentí que se me moría de modo que acepté la oferta. El cambio de clima fue muy beneficioso para él, como lo fue para nosotros.

Estar en California era el modo de vivir los ministerios. Era necesario estar uno al lado del otro para moverse con el Espíritu Santo guiando nuestros pasos.

En 1969 nos fuimos a California con nuestros dos niños.

Y le doy gracias a Dios por el Hermano Pablo.

Él me dio albergue, calor, me hospedó en su casa por algún tiempo hasta que conseguimos algo para nosotros.

Un apartamento. Ya después, Pablo llegó a ser esa figura de la que hablábamos, un Pablo en mi vida. Mi compañero de ministerio.

En esa época también estaba Héctor Tamez que comenzó a ser el gerente de la organización. Él hacía el contacto con los pastores, se encargaba de la coordinación de la cruzada. Viajaba con un buen tiempo de anticipación y se juntaba en cada ciudad con los diferentes servidores que formarían equipo con nosotros para la gloria de Dios y la bendición de su gente.

Llegaba, veía los lugares, los rentaba, supervisaba los equipos de sonido, de audio y dónde se iba a sentar la gente.

Cuando llegaba la noche daba la bienvenida y yo entraba con una suave canción de recepción, muy animada para atraer a la gente hacia el mensaje que queríamos dar.

Cuando el Hermano Pablo y yo llegábamos, ya sabíamos quién nos iba a esperar, cómo sería el evento, cuántas iglesias participaban, etc.

Lo escucho en memoria a Héctor hablar y contarnos cómo esos viajes lo marcaron a fuego en su corazón y que hoy tiene tantos buenos amigos en tantos lugares producto de ese intenso tiempo de servicio.

Durante una semana íbamos de una ciudad a otra dentro del mismo país. Y su trabajo de coordinación era excelente.

De noche, cruzadas; de día, seminarios, conforme a lo que los pastores nos pedían. Con ellos, Héctor armaba todo.

Éramos instrumentos de Dios para ser usados por Dios para beneficio de la iglesia.

Resumiendo. Salimos de México, fuimos a Puerto Rico por una oferta engañosa, volvimos a México, conocí al Hermano Pablo y nos fuimos a vivir a California.

El tiempo en que no salíamos de cruzadas, grabábamos temas, viajábamos y hacíamos televisión con el Hermano Pablo. Yo le ayudaba. No me costó. Me gustaba mucho. Cuando se abrieron las puertas para este nuevo desafío yo ya estaba listo. Desde mis tiempos del mundo soñaba con llegar a todos a través de la televisión. Cuando el Señor me los dio los aproveché.

Hacíamos televisión en un canal local de Los Ángeles que se veía en toda la ciudad. No era tan grande pero era normal. Era más bien comunal.

Él era el jefe, yo era su ayudante.

Fuimos a México, Guatemala, El Salvador, Nicaragua, Costa Rica, Honduras, Panamá, Perú, Argentina, Chile, Venezuela.

A todas las capitales.

Íbamos a los estadios, hacíamos televisión, participábamos de programas de radio y de noche las cruzadas.

En una oportunidad tuvimos una experiencia muy dramática. De pronto, el Hermano Pablo se quebrantó por unos desastres que ocurrieron. Nosotros estuvimos participando en el terremoto de Guatemala. Llevamos mucha ayuda, el Hermano Pablo, Héctor Tamez y yo.

A veces íbamos Héctor y yo con el avión cargado de ayuda: materiales, medicinas, etc... Y también estuvimos en unos desastres de huracanes. Recuerdo una cosa muy particular en la costa de México. Hubo un huracán, por el año setenta y cuatro. Llevábamos un avión cargado de cosas, y no pudimos aterrizar en donde planeábamos. Creo que era Ciudad Obregón, Sonora, porque allí había un retén militar. Y tuvimos que ir a otro lado, también en Sonora. Cuando aterrizamos en una cancha de fútbol, ya empezaba a oscurecer. Estábamos descargando los materiales que traíamos cuando de pronto vimos que se acercaban unos jeeps, pero no les pusimos mayor atención.

En unos cuantos segundos nos encontramos rodeados por soldados que saltaron de sus vehículos con ametralladoras y gritándonos que nos detuviéramos, que no nos moviéramos porque nos iban a disparar. Y nosotros nos asustamos y nos quedamos quietos. Empezaron a investigar qué estábamos haciendo. Pensaban que éramos contrabandistas, que traíamos droga o algo así. Ese fue un momento muy dramático. Héctor traía una cámara con un lente telefoto muy grande.

Y cuando este señor vio el telefoto hizo una seña como diciendo que no a alguien que estaba a cierta distancia y que estaba apuntando con una ametralladora. El brillo del sol los confundió. Pensaban que el lente telefoto era un arma de alto calibre. La orden era que en el momento que alguien tocara la supuesta arma, el soldado tenía que disparar.

Uno de los que iba con nosotros solo hablaba inglés de modo que no entendía lo que pasaba. Cuando estaba subiendo las escaleras para entrar al avión vimos que le iban a disparar, así es que le gritamos en inglés: «Espera porque te van a matar». Él, como no hablaba español, no se daba cuenta de la gravedad del asunto.

Y como siempre, Dios nos protegía y bendecía. Y nuestros corazones estaban fundidos para servir al Señor y ser de bendición.

Estuve con el Hermano Pablo hasta el año 1975.

Luego las cruzadas fueron mermando, y de a poco a mí me llegó el tiempo de hacer televisión con TBN en California.

En el medio ministraba donde podía.

Para ese tiempo yo ya tenía mis grabaciones. Era el único que contaba con discos.

Estaba en demanda. Era la novedad. No tenía competencia. Así que me empezaron a invitar.

Estaba siempre ocupado con mi guitarra, así que vi la posibilidad de cantar con pistas musicales.

Los estudios de grabación me daban las cintas para practicar las melodías y yo las cantaba. Entonces me dije: «Esto también lo puedo hacer en las cruzadas o en los cultos». Y me las ingenié. Me conseguí una grabadora marca Wollensak y la conecté al sonido. Tuvo tremenda aceptación.

Era toda una novedad. Hasta ese momento cantaba con mi guitarra que en algunas iglesias era un verdadero problema porque creían que la adoración solo debía hacerse con un buen coro y un buen órgano. Sin embargo, y con el tiempo aceptaron gustosos mi guitarra y otros me imitaron.

¡Pero empezar a cantar con pistas! Había que hacerlo, de modo que con mi hermano Saulo preparamos unas pistas con un trío, con un grupo, con requintos.

En el momento en que Héctor Tamez me presentaba y mientras yo me acercaba al micrófono ya la música estaba sonando. La gente empezaba a aplaudir al reconocer esos sonidos especiales con mi canto. Y las orquestas, los violines, las guitarras y los coros comenzaron a viajar conmigo a todos lados en esas pistas que con tanto esmero grabábamos.

Después de esto grabé dos discos más. Y sucedió algo que nunca olvidaré. Fue de eso que yo llamo momentos sublimes. Me invitaron a un congreso a cantar con otro de los hombres más increíbles que he conocido, el evangelista Billy Graham.

TESTIMONIO DE HÉCTOR TAMEZ

**Director internacional de las cruzadas del Hermano Pablo
y líder del ministerio «Puertas abiertas»**

Conocí a Manuel allá por el setenta y cuatro. Yo era gerente de Editorial Caribe en México y él estaba con el Hermano Pablo a quien yo conocía desde antes. En una visita que hicieron a México fui a saludarlo y allí conocí a Manuel. Desde entonces somos buenos amigos.

Él era el cantante oficial permanente del Hermano Pablo, viajando por todos los países de América latina. Manuel comenzó a acompañarlo y ser el cantante de sus cruzadas, y desde el momento en que empezó a grabar sus canciones fueron muy aceptadas. Su voz es muy especial, y creo que es uno de los cantantes que tiene un tono de los más perfectos que yo he escuchado. Hay muchos otros, pero Manuel tiene un tono muy singular.

Estuvimos viajando por muchos países de América Latina con las cruzadas. Siempre lo pasábamos muy bien en las cruzadas. En muchas de ellas yo era el maestro de ceremonias, Manuel era el que cantaba y el Hermano Pablo el que predicaba.

Viajábamos continuamente.

Una de las bendiciones de la música es que por más que el mensaje sea muy analítico, con la música se va directo al corazón. Yo he estado con Manuel en varias reuniones después que salimos de la organización del Hermano Pablo. Y su voz siempre marcó una diferencia.

Manuel comenzó su propio ministerio y yo entré a otro ministerio, el ministerio de Puertas Abiertas con el hermano Andrés con el que ya tengo casi veintiséis años.

Pero cada vez que teníamos oportunidad nos juntábamos en algunas de las reuniones de Manuel. Y yo he visto su mensaje cantado; simplemente agrega unas palabras después de las canciones y la gente llora y pasa al frente porque yo creo que realmente está tocando el corazón de ellos. Él sensibiliza la música con su voz tan dulce y con eso sacude el corazón, el mensaje mismo acompañado con esos tonos melódicos. La cadencia de las canciones sensibiliza y cuando viene la palabra, el llamamiento de Dios en la misma canción, hace un impacto bien definitivo.

Manuel es uno de los siervos de Dios que fue levantado para poner la música cristiana en un lugar muy especial. No hay otro como Manuel, con su voz, con las canciones que elige, con la unción que Dios pone sobre él para comunicar ese mensaje. Yo creo que Manuel Bonilla fue un regalo de Dios para América Latina. Y gracias a Dios que su música permanece después de tantos años. Cuántos cantantes hemos visto que entran con mucha fuerza, muy buenos, pero ya casi han desaparecido.

Manuel Bonilla hace casi cincuenta años que comenzó y todavía es Don Manuel Bonilla.

Él fue de los primeros. Pienso que a nivel internacional, Manuel fue el primer cantante que viajó a los países de América Latina haciendo un impacto con su música cristiana.

Manuel Bonilla con el hermano Pablo

Manuel Bonilla con el hermano Pablo

Capítulo 5

California nos cobijó con su amor. Allí encontramos el Ministerio. Sentamos las bases de nuestro hogar. Nuestra pequeña Belle comenzó a crecer y Manny salvó su vida.

Fue feliz ese sitio para nosotros. Momentos sanos y de gran emoción tienen a California como destino geográfico para mi vida.

Su clima suave. Acostumbrados a tanto viento seco del desierto de Sonora, mis pómulos le bendecían.

Y Anita, encontró su lugar en el mundo. Durante mis viajes, ella estaba acompañada.

También encontramos iglesia. El Templo Calvario, con el pastor Danny de León, quien nos cobijó y de siempre estuvo con nosotros. Annabelle reconoce que el pastor Danny de León estuvo siempre en su vida. Que en una filmación de su quinto cumpleaños él estaba a su lado rompiendo la piñata.

Ese pastor trabajó incansablemente por su congregación. Y Dios lo bendijo. De cientos, hoy vemos a miles ministrados por el Templo Calvario y su ungido liderazgo.

Llegamos a California y salimos a Venezuela. Y en medio de tanta gira, cruzada, programas, grabé un disco junto con el Hermano Pablo llamado «Un himno al corazón».

Se me ocurrió una nueva idea. Himno y mensaje juntos. ¡Una locura! Una locura más... que fue de gran bendición.

Tienes que escucharlo. Disfruto cada palabra, cada sonido. Resume muy bien todo el amor y corazón con que emprendíamos la tarea de estar para el otro. Porque siempre lo que quisimos fue eso. Estar para el otro. Y en esto éramos uno con el Hermano Pablo. Y con el Señor.

En el año 1972 nuevamente Anita quedó embarazada y Dios nos bendijo con la llegada a nuestras vidas del pequeño Danny.

Toda nuestra familia comenzó a congregarse en la iglesia Templo Calvario liderada por el pastor Ramón Daniel. Era una hermosa congregación de unas doscientas personas. El pastor Danny De León era líder en medio de la congregación llamado a servir y hacer de esa iglesia lo que hoy es.

Los viajes en medio de tanta cruzada se hicieron cada vez más frecuentes. Invitaciones de iglesias de diferentes estados eran una realidad constante.

A veces era cerca y llevaba a mis niños.

Antes de entrar al templo les informaba sobre la denominación a la cual pertenecía la iglesia que nos invitaba y les hacía algunas recomendaciones para participar conforme a sus costumbres.

Así que desde pequeños ellos supieron respetar a cada uno conforme a sus creencias, porque las creencias están bien guardadas en el corazón. Y si tocas sus creencias estarás tocando la parte más íntima de la persona. Nosotros siempre respetamos a cada uno, y creo que Dios nos honró dándonos la posibilidad de cantar en todos lados y en iglesias de todos los tamaños.

Una vez nos invitaron a una iglesia apostólica, que es una iglesia muy especial, muy linda, llena de la presencia de Cristo. Y mi hija vio que todas las niñas de la iglesia tenían su velo. Y yo no sé ni cómo consiguió un velo; se lo pueden haber prestado sus amigas. Y de repente la vi a mi hija con su velo, fundiéndose con las demás, sin mirar las diferencias de bautismo o de creencias. Ella estaba fundida con el Cuerpo de Cristo, la Iglesia del Dios viviente. La que no se tiene que interrogar, ni separar. Y de repente veo que a mi hija se le cae el velo y lo levanta lleno de tierra y se lo pone al revés porque no sabía cómo se usaba.

Ellos respetaban mucho el derecho ajeno de la paz. Si me invitan a una congregación, yo voy a ser el primero que voy a respetar, me voy a someter, yo no voy para echarle tierra a nadie. El nombre de Jesucristo no es para eso, sino que es para que sea exaltado en todo tiempo y lugar.

Pero ministrar y adorar a Dios en diferentes iglesias era una novedad. Los que eran de las Asambleas de Dios se juntaban entre ellos, igual que los Nazarenos, los Bautistas, los Discípulos de Cristo, la Iglesia de Dios, Pentecostales, Adventistas del Séptimo Día o la iglesia que usted se imagine.

Pero Dios nos estaba llamando a ser un adorador para las naciones.

¿Cómo poder cantar para todos?

Nosotros dijimos que sí. Y un nuevo surco fue abierto para que Dios pudiera trabajar en el corazón de toda la cristiandad, salvar al inconverso de las garras del enemigo y cuidarse unos a otros.

¿Cómo cantar solo para un grupo de aquellos que estaban librando tan dura batalla contra el adversario?

Y nosotros queríamos hacerlo siendo adoradores del frente de la batalla. Como esos antiguos músicos, que iban al lado del arca. Nosotros nos dedicábamos a llevar la Palabra de Dios pero cantada.

Y así nos preparábamos para el culto.

Siempre le pregunté al pastor sobre qué iba a predicar. Y cantaba acorde con eso. Y muchos pastores me han dicho: «Para qué predicar ahora, si esto es ya una predicación».

Como otros a quienes escuché decir: «Ahora sí. Vayamos a lo importante. Abran sus Biblias. Muy linda la música pero lo importante es la predicación. El culto no es culto si no sacamos la Biblia».

Creo que son comentarios con muy poca sensibilidad.

Si aún hoy existe este tipo de mirada entre predicadores y salmistas, ¡piensa cómo sería en aquellos años! En ese tiempo no existían los adoradores. Sí los directores de coro o salmistas. Pero comenzar a entender el concepto de ser un ministro de la adoración y alabanza ha traído mucha bendición al Cuerpo de Cristo, y principalmente a los adoradores.

También quiero traer uno de los momentos más importantes en mi historia como adorador; la invitación que se me hizo para participar en el 25 aniversario del Ministerio Evangelístico Billy Graham.

En aquellos días sentía una fuerte punzada en el pecho. Visité al médico y me dijo que tenía un problema cardíaco. ¡Qué tristeza que sentí! Me aconsejaba a permanecer en reposo durante muchos días y a suspender mi presentación en las cruzadas.

Amigos y amigos de amigos comenzaron a orar por mí. La noticia de mi afección cardíaca llegó a los oídos de otro evangelista: Yiye Ávila. Me llamó por teléfono y oró por mí. Fue un instante que no olvido. Declaró poner sus manos sobre mi cabeza y dijo: «¡En el nombre del Señor sana! porque vas a ir a ganar almas...»

En minutos sentí una gran calma de la ansiedad que sentía en mi corazón.

Me paré y preparé lo necesario para hacer lo que Dios me había llamado a hacer: cantar y adorarlo, servirle y que otros pudieran llegar a Él a través de mi música.

Al llegar al estadio iba con toda la fuerza del cielo porque sabía que Dios me había tocado con el propósito que diera el mensaje de Jesucristo una vez más.

Llegué y fui derecho al camarín. Allí estaba Billy Graham. Me saludó y nos quedamos conversando un rato los dos solos en el camarín.

Tener esa relación con esos hombres de Dios me inyectaba para salir como un campeón. Cuando iba para allá, iba a cantar el mensaje de Cristo como me inspirara el Espíritu Santo.

Unas veinte mil personas esperaban en el estadio.

Miles y miles de norteamericanos y entre ellos, muchos de ascendencia hispana, o que habían dejado su tierra en Latinoamérica para ser recibidos en diferentes partes de los Estados Unidos o personas que habían venido de sus países a escuchar al evangelista y su mensaje de salvación.

Y allí estaba yo. En medio de tanta bendición de Dios en la vida de tanto hombre y al lado de aquellos grandes que Dios había llamado a cambiar la historia. Y con un desafío especial. Mi canto, mi voz, en esta lengua sagrada y dulce como es el español, serviría para acercar los corazones de los inconversos que la entendieran. En pocos minutos mucho por hacer. Y no perder la oportunidad de ser un instrumento del Señor Jesucristo y del Espíritu Santo para tocar a esas personas.

A mi lado estaba Sandy Patty, invitada para cantarles a los de habla inglesa. Con el mismo amor y compromiso, nos miramos y saludamos, preparados para bendecir.

Todos estábamos en la plataforma. El director de música Cliff Barrows, George Beverly Shea, el Dr. Billy Graham, Sandy Patty, yo y todo el coro estábamos allí. Y nos iban presentando.

Era un gozo ver cómo Dios nos estaba usando. A Billy Graham más que nada, que era la figura que Dios había usado para dar el mensaje.

Cada uno de esos saludos me recordaba la cantidad de ofertas que tuve en mi vida para cantar en inglés, ofertas que no consideré. Les decía a quienes me las hacían: «Si Dios me hizo nacer en un país de habla hispana, para qué cantar en inglés». Siempre me negué a cantar en inglés. Siempre quise quedarme con mi gente.

Y estos momentos me servían para agradecerle a Dios que haya sido tan bueno conmigo al hacerme su representante de habla hispana en medio de tanto santo.

Yo estaba allí únicamente para alcanzar a los hispanos. Ellos querían usar mi talento para llegar a cada hermano de raza que allí estuviera.

Me gusta andar entre la gente. Pero en esas presentaciones uno estaba siempre protegido, ingresando por los pasillos internos de los auditorios con personas encargadas exclusivamente para llevarnos a los hoteles.

Entiendo el cuidado especial que nos han dado y lo agradezco. Pero yo soy del campo. Me gusta andar entre la gente. Pero en esos tiempos no podía vivir esas experiencias como tampoco las vivía el Dr. Billy Graham.

Y cuando fuimos a Suiza fue igual. Fui invitado también a cantar en la cruzada que realizó en ese bello país.

Recuerdo la experiencia de estar en un país diferente. El poder aprender de las costumbres de otros, el ser mansos para aceptar y el buscar constantemente convivir con ellos en sus formas como Dios lo hace, siempre fue increíble.

Nos sorprendió haber viajado en autobús donde no nos cobraban, sino que nosotros teníamos que poner la moneda. Allí la honestidad es un hábito desarrollado desde pequeños. Por eso es un gran país. Y nos cobijaron muy bien. Fueron experiencias muy bonitas.

En un momento nos perdimos y preguntamos en la calle y muy amables nos llevaron hasta el hotel. Nunca me voy a olvidar de eso.

También su compromiso con los horarios. A las cuatro teníamos que estar preparados. Eso era un relojito. A la hora que nos decían teníamos que estar listos para que nos pasara a buscar el vehículo.

En Hollywood, en Sacramento, en Suiza fueron siempre momentos de gran emoción al lado de ese hombre. Vitaminas que alimentaban mi alma. Yo miraba a esos grandes hombres de Dios y veía todas las almas que ganaban. Y yo quería ser como ellos. Es hermoso para cualquier hijo de Dios ver cómo un pecador se arrepiente.

Y ser ayuda es un privilegio aun mayor.

Tenía que dar el mensaje de Cristo con el himno que había escogido para cantar. Por ejemplo, empezar trovando:

«¡Oh que amigo nos es Cristo, Él llevó nuestro dolor!»

Yo pensaba que era un embajador del reino y trataba de mantenerme en humildad, agradecido de haber sido escogido entre tanta cantidad de buenos cantantes, como los había. Cantantes hispanos y cantantes americanos que lo hacían muy bien en español. Pero el Señor me escogió a mí. Y yo no debo olvidar eso.

Manuel Bonilla con Beverly Shea

Manuel y Antonino Bonilla con Billy Graham

Manuel en la vida de un hijo de Dios
Eduardo Gomez

**El testimonio de alguien que creció con la
música de Manuel. McAllen, Texas**

Nuestra relación en el ministerio y la música se regresa a fines de los 60 cuando Manuel nos visitaba en algunas campañas, en algunas convenciones, en el norte de México, donde atendía miles de gentes.

Pues ha sido una relación muy bonita, muy especial con este varón de Dios.

Con los años, la música y los cantos de Manuel han sido una inspiración muy grande para mí y para mi familia, pero también para miles de personas.

Particularmente, en las iglesias que se establecían desde fines de los 50 hasta los 80. Creo que Manuel es de los pioneros en cuanto a la expresión del canto de una manera pública, masiva. Creo que hizo lo correcto al dedicar su vida a cantarle al Señor edificando al Cuerpo de Cristo a través de esas alabanzas que nunca pasarán de moda.

Y yo tuve además el privilegio de no solo crecer con su música, sino haber podido generar una relación muy bonita y profunda con el hombre, cada vez de más significado.

Mi padre y mi madre lo querían mucho y Manuel y Anita desarrollaron un amor muy especial por mi padre antes de este fallecer hace unos dos años.

Creo que en toda esta trayectoria, Manuel demostraba una vida de dedicación y calidad musical y de interpretación musical y por sobre todo ese maravilloso ministerio al cantar.

A transmitir un mensaje a través del canto en vez de solo hacer un relleno allí, de entretenimiento, Manuel, a través de los años, comunica un mensaje.

Cada canto que escuchamos, sea de él o de otros autores, él como intérprete lo comunica con una unción muy especial.

Y esto trasciende generaciones.

Inclusive a Manuel le molesta la sofisticación. Él es sencillo. Le gusta comer en la cocina, estar en la casa, le gusta sentarse a la mesa con las abuelitas, orar por su suegra, inclusive parece que a través de los años las personas desarrollan una teología profunda, Manuel sigue siendo sencillo. Su mensaje es práctico, sencillo, no es dogmático, es al pueblo, a la gente que lo quiere y lo conoce, eso es hoy un arte perdido. Hay una especie de carrera alocada por ver quién es el mejor. Realmente como cristianos nosotros hemos sido afectados en el reino de Jesucristo por Él mismo. El Padre nos acepta en Cristo. Entonces la carrera con el cántico nuevo que Él pone en nuestros labios, podemos expresar la gratitud profunda que hay en nuestros corazones. Y eso lo podemos hacer porque es muy grande su gracia. Manuel a través de los años ha desarrollado la habilidad de comunicar eso.

Y esa sencillez con la que lo conocimos sigue siendo su impronta, la experiencia de este varón.

Para mucha gente, Manuel es alguien a quien no han escuchado en profundidad. A quien no haya escuchado su música yo lo invitaría a escuchar cualquiera de los temas de Manuel. Estoy seguro que cualquiera de ellos lo llevaría a un encuentro personal y a un acto emocional con el Señor Jesucristo. No dudo que notara que este cantante no lleva la atracción hacia sí. Porque esto es lo que el mundo nos está ganando, todo hacia uno. Realmente el canto de Manuel bonilla y su adoración es al Señor por lo que Él ha hecho por nosotros y sigue haciendo a través de nosotros. Creo que Manuel ha tenido la habilidad de comunicar esto por 50 años y agradezco al Señor por esto.

Capítulo 6

E se año viajamos a Israel con cientos de americanos. Paul Crouch, el iniciador de TBN, lideraba la peregrinación. En cada sitio que nos deteníamos, en cada espacio posible, yo sacaba mi guitarra y cantaba alguna canción alusiva.

Ni la subida por las dunas del desierto de Judea, ni el asfixiante calor de Jericó me detenían. Yo deseaba honrarlo a Él.

«Manuel», me decían, «tú eres famoso. No cantes para cualquiera».

¡Cualquiera! ¿Cualquiera le estaban llamando a mi Señor, a mi Dios, al Supremo rey? Estaba en la tierra que Él había elegido y no podía menos que cantarle, que devolverle tanto de lo que Él había puesto en mí. Y cantaba, y cantaba.

Recuerdo a cada hermano de los que lloraban en el jardín de la tumba cuando al compás de la guitarra se entregaban de lleno a vivir una vida consagrada. Fue el primero de tantos viajes que luego hicimos a Israel, a Tierra Santa.

En medio del Jordán fui nuevamente bautizado. Mi cuerpo se sumergió en las aguas del mismísimo río que Jesús pisó, que Juan el bautista usó para llamar al arrepentimiento, que Dios abrió al paso de Josué con el arca del pacto delante para conquistar la Tierra Prometida. Allí, Anita y yo nos purificamos y preparamos para la nueva etapa, el siguiente nivel que Dios tenía preparado.

Y les aseguro que pensé mucho en esto. En cuando Dios te invita a pasar a siguientes niveles y uno quiere quedarse en el anterior. Y como toda bendición de Dios, corre el riesgo de pudrirse, como el maná, que era comida para ese día y putrefacción para el siguiente. Yo sabía que algo estaría por suceder.

Pero qué más. Habíamos viajado en los últimos años por todas las capitales del país llegando a cientos de miles de hermanos. Hombres de la talla del Hermano Pablo o del evangelista Billy Graham me habían honrado con su invitación a compartir tarima, púlpito, la bendición de Dios. Mis discos, por cierto uno por año, salían y se vendían en todas las iglesias y librerías de Latinoamérica y las invitaciones a cantar en cada ciudad e iglesia eran una constante. Vivíamos en una hermosa ciudad como Los Ángeles, en las afueras, donde mis hijos se criaban en sujeción y amor y donde mis amigos eran amigos de verdad. ¿Qué más podía suceder?

–Quiero hablarte –escuché que me decía Paul Crouch.

–Sí, cuando gustes –le respondí no sin asombro.

–¿Has pensado alguna vez hacer televisión?

–Bueno... ehhhh..., he hecho televisión con el Hermano Pablo, pero...

–Quiero que vengas a mi estudio y conversemos –me dijo y seguimos con el viaje y su cautivante experiencia.

Al llegar a Los Ángeles fui a los estudios de televisión de TBN (Trinity Broadcasting Networks).

No entendía muy bien qué se me quería ofrecer pero sabía que sería algo maravilloso. TBN se veía en todos los Estados y en diferentes partes del mundo. Solo había hecho televisión local y esto me generaba una emoción especial.

Cuando llegué y entré en la oficina de Paul Crouch me ofreció hacer un programa en vivo todos los sábados a la noche en horarios especial.

—¡Gloria a Dios! —solo atiné a decir.

—Ese será el nombre de tu programa.

—¿Es que tú me estás ofreciendo hacer un programa en español? —le pregunté asombrado.

—Sí, correcto. Será el primer programa de habla hispana en la televisión cristiana mundial.

Y así lo fue. Una vez más Dios me llamaba a ser pionero. A abrir surcos. En medio de tanto inglés y en un tiempo donde muy poca gente hablaba español en la televisión, yo era invitado a hacer el programa «Gloria a Dios» en el canal de televisión cristiana más importante que existía.

Salí de aquella entrevista sin saber muy bien qué estaba sucediendo. Si sé que estaba seguro que esto cambiaría nuestras vidas nuevamente. Como hacía diez años fue nuestro encuentro con el Hermano Pablo, ahora un nuevo tiempo empezaría. Hicimos televisión durante 20 años, todas las semanas, sin parar, y seguros de haberle abierto el espacio a otros adoradores, a otros comunicadores cristianos que se puede hacer un buen programa de televisión, con una buena producción, con mucha inversión, para la gloria de Dios y la bendición de su gente.

Anita hacía televisión conmigo. Durante 20 años fuimos una hermosa pareja que el televidente veía mirarse con el mismo amor del primer día y cada día como el primero. Mucho más en medio de una generación de divorcios, peleas, adulterios, abusos, indiferencia. Ella tenía gran aceptación.

Y me miraba en cámara como lo hace hoy. O como me miró el primer día que nos conocimos. O en aquel campamento. El amor en su mirada siempre ha sido un estandarte para su vida y nuestro ministerio. Y sigue siendo igual.

Yo creo que la gente se daba cuenta de esa relación de amor y respeto que vivíamos, tanto en privado como en público.

Siempre mi requisito era que estuviéramos juntos.

Anita leía las cartas, los pensamientos que tratábamos humildemente de preparar. Ella trabajaba incansablemente en esto. Los míos eran más de corazón.

Así que hacíamos eso.

Desde 1976 a 1991 en Los Ángeles y luego hasta 1995 en El Salvador, hicimos televisión.

En vivo todas las semanas, durante 2 horas, en horario central los días sábados.

Nuestro decorado era una preciosura. Desarrollamos una sala muy cálida donde recibíamos a los invitados, a quienes yo no llamaba invitados sino amigos. Muchos de ellos o ya lo eran o luego del contacto inicial a través de la televisión principiaba una saludable amistad.

También existía en el estudio un escenario grande para que los músicos hicieran sus interpretaciones y pudiera ser tomado de diferentes lugares. Y espacios donde podíamos conversar de todo. Siempre fui muy meticuloso en cada detalle. Las luces, el sonido, los camarógrafos, la edición de los materiales que pasaríamos, la atención de los invitados, el cuidado del fondo y su movimiento. De directores estaban nuestros hijos Annabelle, Manny y Danny, que me ayudaron a hacer programas de los cuales hoy día en la televisión escasean.

¿Y la gente? ¡La gente!

Cada semana invitábamos a un numeroso grupo de personas que venían de diferentes iglesias cercanas. Se les buscaba con micros especialmente contratados y llegaban en cantidad.

Era un esfuerzo gigantesco. Debíamos estar preparados para llenar siempre el estudio con creyentes que estuvieran dispuestos a darle gloria a Dios con nosotros.

Y los había de todo. Los que no movían ni un pelo, ni les sacabas una sonrisa. Que aplacaban el estudio con su presencia. Los que ante cada palabra de quien sea o lo que fuera gritaban vociferadamente: Aleluya, Amén, Gloria sea a Dios, y había que pedirles, sin ofenderles, que hablaran más bajo para que se pudiera escuchar al entrevistado y a aquellos que eran una bendición constante por su actitud y que se los veía. Con su sola presencia bendecían todo lo que había alrededor.

Por otro lado, teníamos a los camarógrafos, sonidistas, directores de piso, etc., que de tanto vivir en medio del milagro o la unción de Dios a través de cada invitado o del público participante te encontrabas con que se habían acostumbrado. Y me detenía, le oraba a Dios, y le pedía que me usara para mostrarle a cada uno lo que no estaba viendo, la importancia de estar en ese lugar, del privilegio de poder llegar a millones a través de la pantalla y que podíamos marcar una diferencia en sus vidas, o lo podía hacer nuestro invitado o alguien del público. Cada momento en la televisión era especial y único y se vivía de ese modo. No se dejaba nada librado al azar, y a su vez se esperaba que Dios enviara de Su poder y tocara cada programa con Su creatividad.

La adrenalina que segregamos esos veinte años es muy difícil de explicar. Creo que así será cuando estemos cara a cara con el Señor.

¡Era un programa totalmente en vivo!

Estábamos allí tempranito, para coordinar las iglesias, para ver las ubicaciones de las doscientas personas que llenaban el estudio, para apoyar a los pastores que nos ayudaban. Me preguntaban: «¿Cómo haces Manuel para que siempre tu programa esté lleno?» Y yo les respondía: «¡La gente viene porque nos quiere!»

Los pastores nos llamaban en la semana para contarnos los mejores testimonios que habían tenido en sus congregaciones o los mejores grupos de alabanza y los invitábamos y traían tres buses llenos de gente.

La televisión nos ayudó a tocar miles y miles de corazones.

Hace poco Annabelle, mi hija, se acercó a Ingrid Rosario, una bella cantante que Dios ha ungido y que tiene una voz increíble. «Tú no me conoces» –le dijo–. «Yo soy una hermana de California y te admiro». Luego, entre otras cosas le dijo: «Mi papi es Manuel Bonilla».

Ella se sorprendió y le contó que su madre había llegado a conocer a Jesús a través de Manuel Bonilla y su emisión semanal. Que en ese tiempo era una madre soltera y que ella no estaría allí si no hubiese sido porque su papá le había ministrado a una madre soltera que concurrió al programa.

Luego ella ingresó a la iglesia y allí empezó todo.

«Gloria a Dios» fue la plataforma de muchos ministerios musicales como también de otros grandes ministerios cristianos.

Invité, por ejemplo, a Yiye Ávila a que nos acompañara en televisión. Estábamos en una cruzada en Los Ángeles y lo traje conmigo.

Por ese entonces, él no hablaba bien de la televisión; sin embargo, aceptó venir.

Esos programas con Yiye fueron únicos. Y sé que el Señor me utilizó para inducirlo a que usara la plataforma televisiva para su ministerio.

Dios me usó para animarlo. Más tarde, habría de echar a andar su Cadena de Milagro.

Sí que fue una bendición hacer televisión y dejar que Dios nos usara.

Fuimos pioneros en hacer televisión cristiana en español.

En habla hispana no había nadie. Después entró PTL con Elmer Bueno. Y recién a los años entró Juan Romero.

El acuerdo incluía también ser parte de cada uno de los telemaratones que TBN desarrollaba dos veces al año. Y lo hacíamos con gran gusto. Estábamos muy bendecidos de la posibilidad que Dios nos daba a través del canal y participar de los momentos en que la teleaudiencia ofrendaba para la continuidad de la señal y de cada programa, incluido el nuestro.

Y cada vez que participábamos también podíamos palpar el inmenso amor que la gente nos tenía. Llegaban cheques para el sostén del programa de los lugares más recónditos.

Nos bendice saber que con los talentos que Dios nos dio pudimos mantener en el aire una señal que era una de las pocas luces existentes en esa época en la pantalla televisiva.

Aun hoy todavía nos queda mucho por hacer y programar para lograr que la televisión cristiana vincule al inconverso con la iglesia y pueda ser salvo y saber que tiene una familia que lo ama con todo el corazón. Y lo pienso y me vuelven las ganas...

Fueron momentos apasionantes en mi vida y la de Anita el ser parte de la Historia Televisiva con el primer programa hispano al aire en la televisión americana y que además durara 20 años. Y poder aprender que ser un adorador no es solo en la iglesia, sino en cada lugar que Dios abra, y este puede ser el lugar por donde verás a más y más gente en un instante, la televisión.

Pero también cada vez que podía me iba a hacer mis giras, a ver a la gente cara a cara como siempre me gustó. Visitaba cada lugar posible.

Nos compramos una casa rodante, buscábamos a los niños a la salida de la escuela y partíamos.

En una ocasión llegamos a un pueblito llamado Betania, en el estado de Oaxaca, en medio de la selva mexicana.

Solo se veía la iglesia y la casa del pastor en medio de la arboleda.

Yo le dije al pastor:

—¿Y la gente donde está?

—Ellos están —me dijo—. Usted no los ve pero están por allá, entre los árboles.

Entonces saqué electricidad de mi casa rodante porque allí no había, puse los parlantes en las cuatro direcciones y dije:

—Hermanos queridos. Les habla su servidor Manuel Bonilla para decirles que aquí estoy. Esta noche vamos a tener un gran culto. Cantaremos y oraremos por los enfermos. Traigan a los que no conocen a Jesucristo...

Cuando se puso el sol comencé a ver cómo venían entre los árboles, iluminados con una lamparita de petróleo.

Eran muchas las lucecitas, parecían luciérnagas que se acercaban a la reunión.

Terminamos y al irnos empezó a llover.

El camino por el que teníamos que pasar quedaba a la orilla de un canal y cuando íbamos saliendo, el carro empezó a patinar. Se iba de un lado a otro hasta que terminamos con la cola en el canal y con la trompa para arriba.

Vinieron todos los hermanos, que no sé ni cómo se comunicaron. Llegaron a medianoche a ayudarnos con tractores hasta que lograron poner el vehículo nuevamente en el camino. Fue una experiencia de película, muy bonita.

Ese día, Dios me mostró cómo el amor no tiene ni fronteras ni clases sociales y que ministra siempre, sea quien sea quien lo esté dando.

En otro de mis viajes nos encontrábamos yendo por el estado de Pachuca, Hidalgo, cuando la casa rodante se me quedó en medio de las montañas. ¿Qué había pasado? Una manguera del sistema hidráulico de la transmisión se había reventado. Allí no había a dónde ir. Le dije a mi esposa que tenía que ir hasta Pachuca, así es que me fui a la tarde, dormí por allá, busqué un taller, me hicieron la pieza y volví al otro día.

Mi esposa y mis hijos habían quedado en la montaña. En el viaje pensaba que solo Dios podía sacarnos de allí. Era quedarnos todos o yo hacer la lucha de ir a buscar la pieza.

Volví con un mecánico para que colocara la pieza y mientras tanto fui a tomar agua a donde toma agua la gente del camino o el ganado muy cerca de donde había quedado el vehículo. Allí encontré los restos de una vaca muerta. Seguramente la había atacado un tigre o un león. Lo único que encontré fue el cuero.

Volví corriendo al carro y mi esposa me contó que Dios le había dicho que no dejara salir a los niños para nada de la casa rodante. Y ella obedeció. Estuvieron 24 horas encerrados. Su obediencia nos salvó en esa experiencia horrible que pasamos.

En esos años hice mi segunda producción con mariachis. La primera sí que dio que hablar, pero no bien... Recibía llamadas de pastores de las iglesias que no les permitían invitarme. Yo les contaba que eso ya lo había sufrido cuando puse el primer acordeón en un tema o cuando elegí cantar con pistas.

Una noche mi niñita vino llorando porque unos niños le decían que yo no cantaba, que solo estaba haciendo mímica y que no cantaba. Pero las pistas, con sus hermosos acordes e instrumentos pronto fueron aceptados más que un solo de piano o un cantante con solo su guitarra.

Creí que lo de los mariachis también sería pasajero como fue lo de las pistas. Pero fueron muchos los días en que varios me hablaron por lo de los mariachis.

Y estaba tan lindo. El mariachi Vargas estuvo en su esplendor.

Y las cuerdas volaban por el cielo con sus maravillosos sonidos.

Yo pensaba: «¡Son mariachis, la música de mi pueblo! ¡Cómo no cantarle a Dios desde las entrañas de la patria!», pero era resistido.

Tuvieron que pasar años hasta que se pudiera aceptar que en cualquier ritmo y con música hecha con amor uno puede adorar al Señor. En el año 2000 Marcos Witt hizo un evento con un grupo de mariachis en el escenario y todos lo aplaudimos y nada pensamos de lo que sucedía. ¡Qué bueno que ya nadie te persigue por lo que cantas o por el ritmo que eliges!

Lo vi entrar a Marcos con un tema de mi autoría y que canté durante años: «¿Donde está el Espíritu de Dios hay libertad...

en donde está, en donde está...?» Mientras escuchaba a Marcos, recordaba a los adoradores diciéndome: «Manuel, no cante eso...». Pero seguimos cantando para Su gloria y abriendo caminos para la bendición de Su gente. Me decía: «Voy a ser fiel con lo que el Señor me está mostrando, con este tipo de música». Al principio nadie entendía, pero hoy sí.

Busqué la excelencia y lo mejor que se podía hacer.

Ese disco fue bien bueno. Y sé que llegó a un público que no compraba música cristiana, ¡pero sí compraba música de mariachis!

En una ocasión confirmé lo que el Señor me había encomendado. Estaba cantando en la calle, afuera de una iglesia para un evento importante de una ciudad. Pasó por allí un hombre que traía un mariachi atrás y una botella de tequila en la mano.

Ondulándose pasó delante de nuestro puesto de ventas cuando sonaba fuerte el mariachi Vargas. Comencé a cantar mis canciones.

Mientras se iba cayendo, el borracho gritó: «¡Qué linda música!»

Se acercó a la mesa y dijo:

—¿Dónde están esas canciones que estoy escuchando cantar a ese fulano?

—Aquí están, le vendemos uno —le respondió la señorita que atendía el puesto.

—No quiero uno. ¡Quiero que me los dé todos! —dijo, señalando con la mano en forma pendular todos los discos mientras él mismo se bamboleaba—. Todos, los quiero todos.

Y mientras se los preparaban la vendedora le dijo, pensando que a lo mejor era un librero descarriado que quería toda la música de Manuel:

—¿Quiere que le demos descuento porque tiene librería?

—No, señorita —le dijo con esa voz ronca—. ¡Yo no tengo librería! ¡Yo soy carnicero! Y démelos todos...

—¿Para qué los quiere si no los va a vender? —le preguntó sorprendida la niña.

—Los quiero para mi comadre Juanita, para mi compadre Chui, para mi compadre Ramón. ¡Para cada uno de mis compadres! Les quiero dar esta música. Música de mariachis.

Esto me recuerda que somos instrumentos del Señor y que Él busca cantarle al corazón de cada persona en el mundo y usará el ritmo necesario para que eso suceda.

Y siempre le cantará al corazón.

Como una vez en Puerto Rico que fui invitado a cantar en un estadio para diez mil personas pero llovió y yo me vine para la habitación del hotel, decepcionado.

Y le dije al Señor:

«Traje a doscientas personas de California. ¿Por qué permitiste esto?»

A lo que el Señor me respondió:

«¿Pero no viniste a cantarle a alguien? Pues vete, ve a cantarle a alguien».

«¡Ay, Señor! Eso lo hacía antes».

«Y lo vas a hacer ahora. Si dices que quieres decirle a la gente mi mensaje cantado, vete a la calle».

Así es que tomé mi guitarra obedientemente y salí a la calle. Al frente había una cantina. Verla y mirar para otro lado fue todo uno. Yo quería ignorarla.

Le dije al Señor:

«¿A quién quieres que le cante?»

«Anda allí a donde no quieres ir».

Me metí a la cantina. Había mucho ruido, humo y muchos hombres tomando.

Me acerqué a la primera persona que encontré, le toqué el hombro y le dije: «¿Quieres que te cante una canción?» Me respondió que no. Me acerqué a otro y le hice la misma pregunta: «¿Quieres que te cante una canción?»

Me preguntó cuánto costaba. Yo le dije que nada.

«Entonces, canta», me dijo.

Y empecé a cantar: «Esclavo era yo sin esperanzas, esclavo y condenado a morir...»

El hombre me miraba; de pronto lanzó por la ventana la cerveza que estaba tomando y aventó también el cigarrillo. El Señor estaba trabajando.

Yo sentí que le estaba llegando. Fue muy interesante. Le presenté a Cristo en la cantina, entre el humo y el ruido.

Le pregunté al Señor a dónde quería que fuera ahora. Me dijo que me fuera para la parada del autobús. Y hacia allá me fui.

Anita me miraba de lejos.

Llegó un autobús y se bajó un hombre grandote. Le dije: «Ven, que te voy a cantar una canción». Y comencé a cantar: «Eran cien ovejas...» . El hombre me miraba y me miraba y de pronto se le llenaron los ojos de lágrimas. Entre sollozos, me dijo:

—¿Quién te mandó? ¿Quién te dijo que yo venía en este autobús?

Le contesté:

—Nadie me lo dijo. Solo sentí en mi corazón que tenía que cantarte.

Luego, me hizo una confesión horrible:

–Vengo del aeropuerto. Acabo de llegar de Nueva York. Allá dejé a mi esposa con mis diez hijos abandonados; dejé el redil de mi familia y me vine para acá. No sé para dónde voy. No tengo a dónde ir.

Lo único que se me ocurrió decirle fue:

–Cristo te ama y tiene un lugar para ti.

Mientras yo cantaba, él seguía llorando. La gente nos quedaba mirando aparentemente, sin entender nada. Algunos parecían decirse: «En lugar de estar feliz de que le estén cantando, no para de llorar».

Le dije:

–¿Quieres aceptar a Jesús en tu corazón e irte a buscar a tu familia?

Me dijo que sí y entonces oramos juntos.

Eso era ganar de uno en uno.

No canté en el estadio pero se cumplió el propósito del Señor. Porque no tenía solo a la persona de Jesús en mí, sino que tenía el respaldo, el manejo y el empuje del Espíritu Santo.

Eso es lo que quiero en mi vida, lo que quiero tener hasta que el Señor me lleve. Quiero que el Espíritu Santo me guíe, que me sostenga. El Espíritu Santo lo necesita todo adorador.

Cuando el adorador tenga el Espíritu Santo no va a hacer cosas indebidas porque hay un generador.

Eso es lo que siento por experiencia y es lo que me ha hecho ganar tantas almas para el Señor.

Manuel Bonilla con Paul y Jan Crouch
en el estudio de «Gloria a Dios» en TBN

Manuel Bonilla con Paul y Jan Crouch
en el estudio de «Gloria a Dios» en TBN

MANUEL EN LA VIDA DE UN PASTOR

Pastor Luis Lara, Iglesia del Monte
«Estudiando las Escrituras», California

Teníamos un par de años de casados mi esposa y yo, y por problemas míos, situaciones mías, estábamos hablando de divorciarnos.

Arreglamos todo muy culturalmente, sin gritos, sin golpes, sin nada. Teníamos un hijo.

Y aquel domingo mi esposa se salió temprano de la casa como para no verme que yo empacara y me fuera. Todo esto transcurría en Ciudad de México.

Se metió en una Iglesia Pentecostal mientras yo me quedé en la casa. Me fui a la sala con un libro, conmocionado internamente y buscando paz y sosiego para mi alma. Me serví un vaso de licor, no con el ánimo de emborracharme, sino para acompañar la lectura. Estaba siendo muy culto, muy preparado, leyendo y sabiendo que me iba a tener que ir de la casa.

Estaba tomando ese trago y de repente se me ocurrió buscar entre los discos que mi esposa había comprado en los últimos años algo para escuchar. Encontré un disco de 33 revoluciones por minuto de Manuel Bonilla. Yo no lo conocía y de curioso, preguntándome qué tipo de canciones eran esas, lo puse en el tocadiscos y me senté a escuchar. Y vino ese canto que dice: «Muchos sirven a dioses de yeso, de metal, de madera. Pero como no andan los tienes que cargar, no oyen...»

Mientras escuchaba ese canto empecé a llorar. Y a llorar. Estaba solo pero ese tema me tocó profundamente. En ese momento decidí convertirme y seguir al Dios verdadero. Mi esposa llegó después de haber orado en la iglesia una vez más por mi vida y por nuestra familia y encontró a un Luis distinto. Todavía las lágrimas corrían por mis mejillas cuando ella entró. Le pedí perdón y nos reconciliamos. Nos abrazamos escuchando a Manuel y haciendo que sus canciones no solo sanaran nuestro interior, sino también sentaran las bases para un espléndido futuro.

Nuestro matrimonio se salvó por la intervención de Dios. Pero ese canto lo usó Dios para que yo conociera el evangelio. En esos momentos ni me imaginaba que sería pastor pero Dios tenía preparada para mí una vida de servicio que agradezco. A través de los cantos de Manuel Dios no solo salvó mi vida, salvó a mi familia y luego, a través de mí a miles en diferentes países del mundo.

Viajar por el mundo recibiendo bendición y bendiciendo es uno de los gratos disfrutes que Dios me regaló.

En uno de estos viajes fui a las montañas de Guatemala con un par de predicadores jóvenes. Mientras viajábamos por las montañas nos paró el ejército para inspeccionar el carro y uno de los soldados gritó al capitán:

—El nombre de este señor es Manuel Bonilla y trae cientos de discos de contrabando.

El capitán dijo:

—Tráiganmelo para aquí.

Los soldados me sacaron del auto y todos los que me acompañában empezaron a preocuparse por mi vida. Uno de los predicadores quiso orar por mí en voz alta y con estruendos. Lo miré y le dije que no se preocupara.

Llegué frente al capitán. Me miró y me dijo:

—A usted lo he estado buscando por mucho tiempo.

Cuando lo escuché decir aquello se me heló la sangre. Me asusté mucho.

Él se dio cuenta pero sin importarle, prosiguió:

—Yo escucho mucho su música. Por mucho tiempo la busqué y no la pude encontrar porque no la venden en las tiendas de Guatemala.

Me preguntó:

—¿Cuántos discos trae?

—Traigo tantos.

Fui al auto, dejé que los viera y escogiendo uno de cada uno, le dije:

—Tome. Son para usted.

No podía creer que se los estuviera regalando.

Nos dejó pasar y nos quedó la anécdota.

El hombre estaba muy contento de haber encontrado mi música gracias a la programación radial de José María Muñoz a través de TGN.

En Guatemala mismo la programación de TBN fue muy bien recibida. Y como resultado hicimos una apelación a que asistieran a una cruzada que estuvo auspiciada por el canal y por el programa «Gloria a Dios» que era el que yo conducía. Ahí tuvimos como 50.000 personas. El estadio Mateo Flores estaba lleno. Lo anunciábamos desde el programa y la gente acudía.

En otra oportunidad fui a cantar a Mexicali, Baja California.

Eran años cuando viajábamos mucho. Uno de esos viajes fue para mí casi el fin.

Alguien tenía un programa de radio secular en horario de la mañana. Siempre ponía mi música. Había hecho una huella bastante agradable. Como cortina musical usaba el himno «Señor me has mirado a los ojos... sonriendo has dicho mi nombre, en la arena he dejado mi barca, junto a ti, buscaré otro mar».

Esa ha sido un arma tremenda y también me han crucificado por él.

Es un bello himno católico. Cuando decidí incorporarlo a mi repertorio algunos murmuraron que yo tenía un nexo con la Iglesia Católica y que era parte de una estrategia del Papa para influenciar en el mundo evangélico. ¡Locuras!

En la audiencia de este hombre había creyentes de todas las denominaciones, entre ellos católicos. Y suena tan lindo ese himno que fui invitado a un concierto en la ciudad.

Además del concierto, unas monjas de un convento preguntaron si podía dar una función privada. Quiero decirte hermano, que si el mismísimo infierno me abre sus puertas para que yo pueda cantar de Jesús, lo haré sin ninguna duda.

Y fui al convento, y fue de gran bendición, no solo para las monjas, sino también para mí.

Pero cuando veníamos de regreso estábamos muy limitados por el tiempo. Debíamos grabar en vivo todos los sábados; y esto fue la noche anterior y yo estaba muy cansado.

Un amigo se ofreció a llevarme y conducir él para que yo pudiera descansar en el trayecto, cosa a la que accedí. Mi camioneta era una Ford nueva muy linda. No sabíamos que en manos de este hombre sería el canal para una imprudencia. En una parte de la ruta hizo una maniobra muy brusca y se estrelló de frente contra un camión que llevaba arena y piedras.

Él quería ayudarme para llegar a tiempo pero fue una desgracia.

Yo estaba en la parte de atrás durmiendo cuando chocamos.

Por el golpe me comprimí dos vértebras y estuve en silla de ruedas por un año. El pronóstico era que estaba paralítico.

No podía moverme. Pero Dios hizo un milagro de sanidad y al tiempo estuve nuevamente de pie adorando al Padre Celestial y levantando mis manos a Su gloria.

Anita me cuidó durante el tiempo en el hospital, siempre a mi lado y cuando me llevaron a casa ella me acompañaba en mi convalecencia.

No es fácil, amado adorador, estar en todos lados: A veces por no planificar una agenda de bendición podemos perder la vida en la ruta misma...

Manuel y Anita Bonilla con Omar y Marfa Cabrera

TESTIMONIO DE
OMAR CABRERA, JR.

Pastor de Iglesia «Visión de Futuro», Argentina

Manuel y su esposa Anita fueron los amigos íntimos de mi familia, personas que conocemos desde hace muchos años, aun antes de que mi papá comenzara en la Argentina la iglesia «Visión de Futuro».

Gracias a Manuel es que sigo siendo el traductor oficial de Benny Hinn. Ya van 13 años que lo estoy traduciendo. Fue justamente él cuando estaba en las cruzadas de Benny quien me llevó a Los Ángeles para que lo escuchara. Después que lo hube escuchado, me dijo: «Bueno, ¿te animas a traducir?» a lo que respondí: «Sí, sería un honor». Y ahí mismo me lo presentó. A los dos meses que era la primera cruzada en Costa Rica, en el '92 me dijo: «Bueno, quiero que le traduzcas». Y después el resto es historia. Al mes me vine para Argentina y estuvimos en la cancha de Huracán con mucha lluvia.

Lo que siempre me ha sorprendido de Manuel es cómo hacía televisión. «Gloria a Dios» le daba a la cara latina un nivel que muchas veces uno pensaba que los americanos eran los únicos que podían hacer las cosas con excelencia. Era un desafío imitarlo en toda su excelencia.

Es hora de honrar a hombres como Manuel. Honremos a este hombre que sembró con lágrimas. Y muchos ahora estamos disfrutando del esfuerzo y del sacrificio que él hizo, pero Dios, que no puede ser burlado, le recompensará basándose en su labor, su esfuerzo, su sacrificio, el sudor y las lágrimas que derramó en estos 50 años. Lo verá en su vida personal, en la vida de sus hijos, aun en la vida de sus nietos. Experimentará esa herencia que Dios le dio por el buen trabajo y la gran labor que él ha hecho.

Capítulo 8

Teníamos un rancho en Magdalena, Sonora, del que ya te voy a contar, donde atendíamos niños y recogíamos pobres.

Lo tuvimos durante 20 años, ayudando a los niños necesitados. Hace muy poco se lo transferimos a otro ministerio con la misma visión.

Les dábamos casa, escuela, medicina, ropa, víveres. Cada navidad les llevábamos juguetes, bicicletas, Barbies. Todos los años llevábamos algo. Un promedio de cincuenta mil dólares en juguetes.

Hacíamos grandes colectas a través del programa de televisión en TBN y hasta el mismo canal ayudaba buscando bendecir a estos niños del norte de México que Dios había puesto en nuestro camino.

Pero un año el viaje se tornó en un tiempo de mucha prueba, presiones, dolor y sacrificio.

Después de haber pedido el correspondiente permiso a las autoridades de aduana, me detuvieron al pasar por el puesto caminero. Me quitaron el auto, me quitaron todos los juguetes, y me echaron a la cárcel federal, con los peligrosos, con los asesinos. Estuve una semana encerrado con ellos. En la cárcel de la frontera, muy cerca de donde ahora vivo.

Estuve guardado, y el Señor me usó en esa ocasión para bendecir a los presos.

Cuando entré a la cárcel había unos cinco en la celda. No había camas, no había sillas, no había nada. Más que una cárcel aquello era una jaula.

El más mandón de los que ya habitaban ese lugar me dijo, gritándome: «¿Qué? ¿Quieres que te traiga una silla? ¡Siéntate allí nomás!»

Y sentí miedo, porque en esos lugares impera la ley del más fuerte.

En ese preciso momento sentí que el Señor me decía:

—Toma el control, toma el control, toma el control.

En medio de mi miedo, mi angustia por estar en un sitio al que jamás en mi vida pensé que visitaría, enojado conmigo mismo y con la situación y pensando hacerme fuerte por mis propios medios, me decía: «Toma el control, pero con mi poder, no con el tuyo».

—¿Cómo, Señor, que toma control si estoy en medio de una bola de matones? —le replique internamente mientras me mantenía sentado casi en cuclillas, a la mirada del resto de los malvivientes.

—¡Toma el control! —me volvió a decir.

Justo con las últimas palabras que chapoteaban en mi mente en medio de un charco de dudas, uno de ellos se me acercó con un manojo de revistas. Las divisé casi al pasar pero inmediatamente me di cuenta que eran revistas pornográficas.

—Tenemos esto, toma, así puedes pasar aquí adentro todo el tiempo que quieras, todo el día y toda la noche. Toma la revista que tú quieras.

Pero cuando me metieron en la cárcel después llegó Anita y me trajo mi Biblia dentro de una cobija especial con la que me cubriría.

Abriendo la cobija que tenía en la mano, les dije:

—No quiero ensuciar mi mente con eso.

Todos me miraron con asombro, a lo que sumé:

—Y ustedes tampoco deben leer eso. ¡Yo tengo algo mejor que ustedes pueden leer!

—¿Dónde está? —me preguntaron.

Y saqué la Biblia que tenía entremedio de mi cobija.

Cuando la saqué sentí que el Señor me volvía a decir:

—¡Toma el control!

Y empecé a interrogarlos:

—¿Por qué estás aquí tú?

—Yo maté a una persona.

—¿Y tú?

—Yo robé un banco.

—¿Y tú?

—Me agarraron con un auto con doble fondo, donde traía ametralladoras para los que están en la montaña. También traía marihuana.

Todos estaban bien manchados.

Luego me preguntaron:

—¿Y tú, por qué caíste?

—Yo traía muñecas para niños huérfanos para regalarles para las fiestas.

Todos rieron a carcajadas. Nadie me creyó lo que les decía.

Entonces los miré serio y les dije:

—En este tiempo no vamos a mirar esas cosas. Vamos a ocuparnos de las cosas de Dios.

Y seguí preguntándoles:

—¿Tienes familia? ¿Con quién se quedaron tus hijos?

—Solos.

—¿Solos? ¿Y quién les va a dar de comer?

Los hice reaccionar en donde estaban. A uno le quitaron a su hijo, enviándolo en autobús solo. A otro se le estaba muriendo su madre.

Les dije:

—Vamos a orar, a pedirle a Dios por ellos, pero antes de eso, vamos a leer este libro.

Y señalando a cada uno, les proseguí:

—Tú vas a leer del uno al dos; tú, del dos al cuatro, y le vamos a dar vuelta así.

Y empezaron a leer conmigo el Salmos 23:

«Jehová es mi pastor y nada me faltará».

—Espérate ahí un ratito —interrumpí al que leía.

—Si aceptan a Dios como su todo, Él va a cuidar a tu mamá, a tu hijo, a tu familia, a tu esposa.

Total, que empecé a ministrarles.

—¿Y tú qué haces? —me preguntó uno que estaba sentado en silencio en una esquina de la celda.

—Soy cantante.

—¡Cómo que cantante!

—Sí. Como oyeron. Soy cantante.

Incrédulo, uno me dijo:

—¡A ver, cántanos algo!

Y empecé a cantar: «Eran cien ovejas».

Y así les ministré. Algunos lloraban. Total, que ya no me molestaron.

Esto fue hace casi veinte años.

De allí me sacaron y me llevaron a otra cárcel.

Me mandaron de noche, me movieron y me encerraron en un calabozo donde había ácido. Con los ojos, boca y nariz casi reventados. Una noche horrible. Solo en un cuarto de un metro por dos. Fue porque me catalogaron de traficante de mercancía.

Y cuando me sacaron de allá para el juicio, me traspasaron a otra cárcel. Cuando iba en el camino sentí que me iban a matar. Me habían quitado la camioneta y me habían robado el dinero que llevaba y todas mis pertenencias. Lo que seguía era hacerme desaparecer.

Lo sentía en el alma que me querían matar. Venía en medio de ellos cuando me trasladaron a la otra dependencia judicial. Y en la soledad de la montaña me dijeron:

—Ahora nos vas a decir por qué estás aquí. Querían bronca, querían problemas.

—Pues mira. Estoy aquí por la misma razón que crucificaron a Jesucristo, por hacer el bien. Por sanar a los enfermos.

—Tú eres evangélico.

—Sí, lo soy.

—¿Y a quién conoces de otros evangélicos? —me dijo uno de ellos.

—A todos. En el mundo cristiano los conozco a todos.

No sé ni por qué les dije eso.

—¿Y conoces a Don Pedrito? —me dijo el principal de ellos.

Don Pedrito vivía a veinte horas de ese lugar, por la frontera.

—Sí, lo conozco.

—¿De dónde es?

–De Matamoros, Tamaulipas.

–Sí. Veo que lo conoces. ¿Y qué hace?

–Es pastor de una iglesia.

Y comencé a detallarle acerca de sus hijos: el ingeniero, las que son cantantes, etcétera, con detalles pormenorizados de su familia y actividades.

Don Pedrito era el único creyente que conocían. Y Dios lo trajo a sus oídos para que lo mencionaran y yo pudiera mostrarles que era cierto que solo había llegado a aquellas tierras a hacer el bien.

Entonces les dije:

–¿Saben que en esta ocasión, en esta aparente soledad, están conmigo miles y miles de ángeles cuidándome?

–Yo te creo –me dijo el que casi no había hablado–. Mi madre cuando ora en la iglesia evangélica me dice que va a pedir que vengan ángeles en mi cuidado y así ha sido. Yo puedo decir que lo que dices es verdad.

El otro miraba anonadado lo que platicábamos en la inmensidad de la noche oscura entre matorrales.

–Yo creo que tienes ángeles cuidándote.

Y allí cambió el panorama.

Supe que ellos podían haberme matado en el camino y que a eso los habían llamado. La camioneta (nuevecita) y todas mis pertenencias eran un botín más que suficiente como para deshacerse rápidamente de mí sin prolegómenos. Sin embargo, Dios una vez más me cuidó y Su poder se manifestó cuando no tuve miedo y confié en Su gracia y misericordia.

Cuando llegué a la cárcel, los teléfonos comenzaron a sonar día y noche.

«Saquen a ese muchacho de allí. No es lo que ustedes creen», se oía cada vez luego del timbre y todos los que tenían poder de decisión escuchaban de toda clase de personas el mismo discurso.

Hasta que el carcelero se cansó y me dijo:

—Oye, ven para acá.

Me acerqué y me preguntó:

—¿Quién eres tú?

—¿Por qué?

—Porque los teléfonos no paran de sonar. ¿Qué eres? ¿Qué haces?

—No interesa lo que yo hago —le dije—. Lo que tú tienes que saber es a quién represento.

—Bueno, dime, pues a quien representas.

—Yo represento a la persona de Jesucristo —le respondí.

Y comencé a ministrarle. Le hablé del maravilloso Dios que nos dio libertad y de Su amor y poder para nuestras vidas.

De pronto, el carcelero comenzó a llorar y a llorar.

Allí estuve una semana. Sin comer. Anita, acompañada de mi hermano Saulo era la que traía comida cada mañana. Luego de haber sufrido, en plena noche los subieron a un taxi para que se fueran solos para el rancho de Magdalena, mientras su esposo y padre de esas criaturas que vieron todo era arrastrado a la cárcel como un delincuente. Durante dos horas, que era el tiempo en recorrer desde la frontera hasta el rancho, los niños lloraron y lloraron pero Anita se hacía cada vez más fuerte. Les decía que no se preocuparan que el Dios que envió un ángel para liberar a Pedro liberaría a papá.

Y a mí me quitaron a Anita en la frontera y me echaron en la cárcel. Venía con toda mi familia. Un capítulo negro en mi vida que Dios convirtió como siempre hace en un momento en donde uno ve con qué temple está hecho.

Cuando salí de la cárcel, fui a buscar a mis hijos. Cuando iba, pasé por la misma garita y estaba el mismo oficial que me había confiscado todo, el mismo oficial que me había enviado a la cárcel.

El Espíritu Santo me dijo: «Mira quién está allí». Yo le respondí: «Es el mismo, me va a echar otra vez». Y Él me replicó: «Bájate del auto antes de que te pare y camina hacia donde él está. Identifícalo y dale un abrazo».

Así lo hice.

—¿Me recuerdas? —le dije al oficial desde su espalda, luego de haber entrado en la garita sin que se diera cuenta—. Soy quien enviaste a la cárcel, que le confiscaste todo y lo separaste de su familia en mitad de la noche.

—¿Qué estás haciendo aquí? ¡Tú deberías estar repudriéndote en la cárcel por un año o más!

—Aquí estoy. Y vengo a decirte que te perdono. Y que quiero darte un abrazo. Quiero decirte que Cristo te ama. Y que voy a pedirle a Dios para que Dios cuide a tu mujer, por cualquier necesidad que tenga tu mujer, y tu familia y tus hijos.

—¿Y qué sabes tú de mi mujer?

—Yo no sé, pero Él sabe y me dijo que te diga eso.

—Mi mujer se está muriendo de cáncer. Si puedes orar por ella te lo voy a agradecer.

Paramos el tráfico y allí estábamos. Orando por la sanidad de su esposa, por la salud de su familia, por sus hijos. Al terminar, sus ojos estaban llenos de lágrimas. Lo abracé fuerte y le dije:

—Es tiempo de que ames como Él te ha amado y todo a tu alrededor cambiará.

Mirando hacia el suelo, me dijo:

–Que Dios lo acompañe...

Subí al vehículo y partí de mi Getsemaní. Donde la terrible presión me ayudó a agradecerle a Dios todo lo que él había puesto en mi corazón en tantos años y que ante circunstancias tan adversas florecía como un sol cubriendo toda oscuridad.

Pero cuando estaba en la cárcel y estaba entre medio de los presos yo solo tenía una frase: «Señor, permite que esto sea para que tu nombre sea glorificado. Úsanos, Señor».

Antes de que me metieran en la cárcel, cuando ya sabíamos que sucedería lo peor que a uno le puede pasar cuando traspasa cualquier frontera (y es que te quiten tu libertad), mi hija abrió la Biblia y me dijo:

–Esto es lo que dice el Señor que sucederá: «Nosotros no somos como los que corremos. Somos de los que nos quedamos para que el nombre de Cristo sea levantado en alto...»

Y siguió leyendo Hebreos 10:32-39.

Ella tendría unos 16 años.

Antes que todo sucediera, me preguntó:

–¿Entiendes lo que te leí?

Y me lo volvió a leer:

–Dice la Biblia que te van a poner en la cárcel, y que vas a compartir tus bienes con los presos, así dice la Biblia. Todo eso que posiblemente era una lectura para Pablo, pero el Señor quiere que entre los presos levantes Su nombre en alto.

Dicho y hecho. Estuve con los presos y les di de comer por una semana. No les di de comer a los niños pobres aquí afuera pero sí lo hice allí adentro. Fue un momento increíble.

Nunca, pero nunca, dejemos de glorificar al Altísimo. Cantemos alabanzas. Aunque estemos en medio de la cárcel.

Capítulo 9

A pesar de los accidentes, de las pruebas o de las personas, estos años fueron de gran esplendor musical. Fuera de los tiempos en TBN realicé varias producciones. Tengo el honor que uno de esos discos venga con una dedicatoria de Anita, quien me acompañó desde el comienzo y vivió estos tiempos siempre con el mismo corazón. Disfruto cada vez que leo esta dedicatoria escrita de su mano. Dice:

> *A mi Manuel: Dios me ha dado el privilegio de compartir el ministerio musical de mi esposo por 17 años y unidos hemos recibido muchas bendiciones. Para muchos de ustedes, Manuel es muy conocido, pero para los que no le conocen, permítanme presentárselo. Manuel ha cantado por 25 años en todos los países de América Latina y en algunos países de Europa, logrando así grabar 350 melodías que han llegado a los corazones de*

niños, jóvenes y ancianos. Su anhelo principal ha sido escoger himnos y canciones espirituales que sean de bendición a los creyentes y que por medio de su mensaje cantado los que no conocen a Cristo puedan encontrarle. En estos últimos cinco años hemos podido llegar a muchos hogares del mundo hispano por medio de televisión, cruzadas y conciertos. El gozo, la satisfacción, la paz y la armonía que Manuel proyecta al cantar la podemos vivir en nuestro hogar. El sueño más grande de Manuel es que el mensaje cristiano siga siendo cantado en las voces de nuestros tres hijos, Belle, Manny y Danny. ¡Hasta aquí nos ha ayudado el Señor! Con mucha satisfacción puedo decirles que para mi Manuel es un Compositor, Cantante, Padre, Amigo y Esposo excelente.

Sinceramente,
Anita

Era un tiempo donde todo el mundo nos escuchaba. Y del más diverso género.

En una oportunidad, una monjita llegó a mi mesa de exhibición. Las personas que se encontraban allí le preguntaron:

—¿Usted conoce a Manuel Bonilla?

—Por supuesto —respondió al instante—. Yo me acuesto con Manuel Bonilla, duermo con Manuel Bonilla, me levanto con Manuel Bonilla, y como con Manuel Bonilla.

Y yo, de atrás, le decía a mi esposa:

—¡Yo no la conozco!

Esta anécdota es muy bonita porque que una monja católica buscara mi música para ser bendecida me pareció muy bien.

Luego de tantos años de hacer televisión nadie entendía para qué nos habíamos comprado una casa rodante. Y por qué disfrutaba llegar a la escuela de los niños, esperarlos a la hora de la salida con el vehículo cargado e irnos por tres meses a los campos de México, a las misiones, a estar con la gente.

Cuando escuchaban en el canal que estaba haciendo los preparativos para irme de viaje no entendían. «Para qué pierdes tu tiempo, cantando a cincuenta hermanos, si puedes cantar a cincuenta mil», me decía el presidente del canal.

También hay una manada pequeña. También hay que atenderlos. Cuando uno se pasa tanto tiempo llegando a tanta gente por semana, pierde la sensibilidad por los pequeños grupos. Y yo me comprometí ante Dios que siempre cuidaría de Su rebaño, pequeño o grande.

Le he dicho a Dios: «No quiero ser tan grande que los ignore, ni quiero comprarme un avión para ir de aquí a New York y saltear todos los pasos, San Antonio, Houston. Prefiero tomarme mi tiempo e irme en la casa rodante».

El viaje en la casa rodante nos ayuda a estar más al ritmo de la creación. Nos paramos aquí y allá para poder observar las grandezas que Dios ha hecho.

También fueron tiempos de cambios. Uno de los canales satélites de TBN estaba ubicado en Phoenix, una ciudad al este de Los Ángeles, en el estado de Arizona. Era el Canal 21 de Phoenix. No estaba andando bien y Paul Crouch me pidió especialmente que me ocupara de levantarlo.

Yo siempre fui una persona agradecida.

Y en agradecimiento y sin dudarlo, tomé mis valijas y mi familia y nos mudamos nuevamente, de California a Phoenix.

En ese canal que gerencié durante tres años hicimos trece producciones. Eran trece programas de televisión diferentes para el mundo hispano y además nuestras dos horas semanales en vivo y en directo para toda la nación a través de TBN. En ese canal fuimos de bendición para muchos ministerios: el Dr. Reyes, Danny de León, Vino Nuevo, Víctor Richards y otros.

Mi familia participó del proyecto. Yo era el gerente y mi hija se ocupaba de la producción general y como directora de cámaras. También se ocupaba de organizar a los cantantes y a toda la gente que venía. Ya en esos tiempos comenzó a mostrar sus dotes de mujer maravilla.

También estaban mis hijos, como camarógrafos. Hoy ambos son renombrados camarógrafos de Hollywood y de eventos especiales en el mundo artístico. Con sus comienzos en TBN, Phoenix, el Canal 21 fue el lugar donde se foguearon y se entrenaron intensamente.

Lo manteníamos con mucha fe. Juntábamos los fondos a través de telemaratones. Y la gente bendecida daba. Siempre conocieron mi corazón y Dios siempre lo bendijo. Comunicábamos las necesidades de cada programa, lo que le estaba faltando de presupuesto y como no cobrábamos necesitábamos del apoyo de la teleaudiencia.

La gente levantaba el teléfono, venía en persona, se comprometía a que las producciones que emitíamos siguieran saliendo.

Soy de aquellos que piensan que ese dinero es dinero para la obra de Dios y que pobre de aquel que lo usa para fines personales.

Dios bendecía nuestro canal y nosotros a Su gente.

Me dediqué muchísimo al canal. Día y noche estaba pensando en el canal, trabajando en el canal, viviendo las vicisitudes del canal. Y sin darme cuenta se me fue la vida.

Esa familia que tanto amaba comenzó con problemas de comunicación y un día me encontré con mis hijos en rebeldía y fuera de la voluntad de Dios.

Cuando me di cuenta de lo que estaba pasando no dudé un instante. Dejé el canal, la casa que había comprado y todo lo que habíamos hecho y me volví con mi familia a California. Nada era más importante que mis hijos. Yo quería estar con ellos. ¡Si lo que hacía era para su bendición!

El día que comprendí que no era así, no lo pensé dos veces. Le dije a Anita:

–Nos vamos.

Y así fue.

Le dije a Paul Crouch que estaba teniendo problemas con mi familia, que mis hijos se querían ir a vivir con sus amigos, que se me estaba desbaratando el hogar porque yo estaba demasiado ocupado atendiendo la visión y los negocios de Paul Crouch.

Junté a la familia y le dije: «Vamos a hacer un viaje. ¿A dónde quieren ir? ¿A Acapulco, a México, a Cancún?» Pero ellos no quisieron. Yo estaba dispuesto a pagar todo pero no querían.

Entonces dije: «Vamos a Baja California». Y eso sí les gustó porque está cerca de San Diego y de Los Ángeles.

Yo quería ir para pasar un tiempo juntos y reencontrarnos, tener un buen diálogo.

Cuando llegamos al restaurante del hotel, y nos estaban por dar la mesa, mis hijos me dijeron: «Aquí no queremos comer», y nos fuimos a otro lado. Muy lindo también. Cuando allí nos iban a dar la mesa, de nuevo me dicen: «Aquí no queremos comer» e hicieron lo mismo en varios lugares hasta que paramos en un lugar muy humilde y bastante sucio donde servían tacos. Me dijeron que allí querían comer.

Cuando llegamos allí vimos que en el cable donde estaba el foquito de luz había muchísimas moscas. Era un lugar muy sucio; los perros y los gatos comían de las sobras que caían al piso que era de tierra.

Allí querían comer.

Entonces llegaron y pidieron muchos tacos para cada uno. Se llenaron de tacos.

Cuando estábamos comiendo desenfrenadamente, llegó una señora como con diez chiquitos y ordenó un taco para cada uno de sus hijos.

Mis hijos dijeron: «¿Un taco para cada uno de sus hijos?»

Les estaban sirviendo los tacos, y en eso, uno de los niños dijo:

«Mamá, yo quiero dar gracias a Dios, ¿me permites?»

Y allí parados estaban todos y empezaron a orar en voz audible.

Mis hijos, en cambio, no habían dado gracias. Sencillamente se atragantaron sin acordarse de Dios.

El niño dijo: «Gracias, Señor, por darnos este taco».

Fue una oración tan tremenda que la escucharon mis hijos y les impactó.

El Señor me dijo: «Págales la cena a todos ellos, repíteles las órdenes».

Entonces yo les pagué las órdenes sin que ella se diera cuenta y cuando la señora preguntó cuánto iba a pagar, le dijeron: «El señor ya pagó». Entonces ella levantó las manos al cielo y dijo:

«Gracias Padre, porque yo sabía que tú ibas a mandar a una persona para que proveyera comida para mis hijos».

Yo le pregunté quién era y me dijo que era una misionera que tenía un orfanato a la orilla del pueblo.

Al otro día conseguimos la dirección y fuimos con ellos y los visitamos.

Para mis hijos fue la experiencia más grande que Dios les dio para que empezaran a apreciar todo lo que Dios les había dado, pero que no estaban aprovechando.

Esos mismos huérfanos, veinticinco de ellos, los subieron a un autobús y los trajeron a mi rancho y los tuve por un año o más.

Entonces, cuando pasó todo esto, dije: «Dejo la televisión, dejo toda la fama, dejo todo el *glamour* y me voy a proteger a mi familia».

Y me fui a comprar otra casa.

Y fue allí donde el Señor restauró la unidad de mi familia. Siempre hemos cultivado esa unidad pero cuando uno está haciendo la voluntad de Dios y quieres hacer lo mejor para Dios siempre se presenta Satanás para tratar de destruirnos.

Doy gracias al Señor que Él puso todo lo necesario para protegernos.

La gran lección para mis hijos fue que hay un mundo necesitado al que nosotros nos debemos. Por esa rezón nos fuimos de Phoenix.

Como adoradores corremos el riesgo de pensar que si llegamos a las alturas de la fama, esa altura nos permite estar bien cerca de Dios. Y a veces no es así. En esos años que hice grandes cosas descuidé lo pequeño, lo de todos los días, mi familia, nuestra mirada cotidiana a Dios. El poder levantar los brazos juntos y agradecer por todo lo que Él es en nosotros.

Fue un trago amargo lo que nos pasó en Phoenix pero nos sirvió de aprendizaje a todos. Debemos vivir cada día en el servicio al creyente individual como a los cientos de miles que nos puedan ver por televisión. Y saber que cuanto más podamos hacer, más debemos cuidar los detalles, lo íntimo, los afectos cercanos para de ese modo estar firmes contra las asechanzas del diablo.

Y regresé junto con mis niños a vivir en California.

El culto del Templo Calvario, las enseñanzas del pastor Danny de León y mi familia recomponiéndose. En esos tiempos creo que hice los mejores programas posibles. Contábamos con horas y horas de experiencia y Dios bendiciendo cada momento histórico del mismo.

Viajé a hacer conciertos en Miami, en el mismo Los Ángeles y toda una gira por mi amada y bella patria, México.

Un sentimiento especial hacia el lugar donde había nacido inundó mi corazón y saqué un larga duración denominado «Mi música para mi pueblo» que fue muy bien recibido y que generaba invitaciones constantes para ir con mi guitarra y el poder de Dios.

Entre las acciones de esos tiempos una me enorgullece.

Reuní a todos los Bonilla para hacer una serie de grabaciones titulada «Unidos en Alabanza». A mis hermanos, sobrinos y primos que estaban dedicados a la ministración, a la alabanza y a la adoración. Un disco donde no solo se escuchan las voces de los Bonilla, sino también se puede palpar el corazón de una familia que desde siempre sirvió a Dios y a la iglesia de Dios esté donde esté y con las herramientas que tuviera.

Fueron tiempos que trajeron mucha paz a nuestro corazón y a nuestra alma.

Me di cuenta de lo sabia de la decisión una mañana muy temprano.

Al levantarme me percaté que Anita ya no estaba en la cama. La busqué y tampoco se encontraba en la habitación. Salí del cuarto y empecé a hurgar por toda la casa pero no la hallé. De repente escuché su voz. Me tranquilicé. Fui siguiendo la melodía y llegué hasta el jardín. Allí estaba, antes que amaneciera, conversando con sus plantas. Todos los años que vivimos en California ella disfrutó de poder contar con su jardín y hablarles a sus plantitas.

Sentí que teníamos nuevamente un hogar. Que ya estábamos asentados. Que podíamos salir nuevamente al ruedo a pelear la batalla por el Señor.

MANUEL EN LA VIDA DE SU PASTOR
DANNY DE LEON

Iglesia Templo Calvario, California, una de las iglesias más influyentes en la comunidad

No solo he sido su amigo sino también su pastor. Porque él me dio ese privilegio, pidiendo mi consejo. Siempre le ha dicho a todo el mundo que yo soy su pastor y el de su familia. En esos casos uno tiene que cambiar la función de amigo por la de pastor. No solo dar un consejo, sino ver qué es lo que uno puede hacer por el necesitado.

Manuel Bonilla con Emmanuel Espinoza

Como amigo, estaba acompañándolo, pero como pastor estaba haciendo lo que pudiera para ayudarlo. Le doy gracias al Señor que me considerara no solo un amigo (porque amigos tiene muchos), sino su pastor para servir.

He reconocido el ministerio de Manuel desde el día primero y no todos tienen ese ministerio. Son pocos los llamados a ejercer ese ministerio. Esto es una de las cosas que nos lleva a cumplir los 50 años. Y Manuel tiene mucho para transferirles a los nuevos adoradores. Aunque algo no se puede transferir. Y es la unción.

Cuando Manuel toma su guitarra y se pone a cantar, mueve a toda la gente, y no es tanto por la emoción, sino que es porque Manuel tiene esa gracia pero también es por la unción que descansa sobre él.

Manuel ha sido fiel a la canción que canta. No hizo como otros artistas que van tras lo que está en el momento. Que cantan pero que las canciones no son de ellos, no son propias, y no solo intelectualmente hablando, sino que la hagan propia. Cantan las canciones de Marcos Witt o Marcos Barrientos y ya los hemos oído a ellos, no necesitamos dos iguales o personas que los copien. Es importante que no traten de permanecer siendo copias. Y Manuel toda su vida ha sido un original.

Y la otra cosa de Manuel es que nunca ha venido diciéndome: «Me pagas tanto»: sin embargo, los cantantes de la última hora lo primero que sale de su boca es: ¿Cuánto voy a recibir? ¿Y cuánto me van a dar? O lo que para mí es peor: «Me tienen que dar tanto si me quieren».

Para mí es casi como vender su ministerio. Y yo no veo ese precedente en la Biblia. No veo esa enseñanza y me tortura muchísimo que así sea.

No estoy hablando de que no hay que pagar los costos y sé que cada día es más caro todo pero todo está en cómo se acercan a uno, cómo lo dicen.

No es nada más pedir una ofrenda, sino demandar un pago, una cantidad.

Manuel ha sido el abanderado de la ofrenda, no de la demanda. Más de una vez lo he ayudado más allá porque sabemos que los músicos viven de eso, y tenemos que hacer lo mejor que podamos hacer, pero a lo que me refiero es que nunca ha sido lo primero que menciona, como sí me ha pasado con otros.

Manuel ha sido fiel a su llamado, se ha quedado con su música, y es conocido por esa música, tiene esa unción que solamente Dios le puede dar, y como permite que Dios sea su suficiencia a mí me gusta.

*C*ómo poder dejar de decir: «Heme aquí, envíame a mí» si el propio profeta, al tirarse debajo del árbol, vio cómo su corazón estallaba por el fuego interno que quería salir!

California fue un tiempo sabático necesario luego de lo de Phoenix, pero necesitaba seguir sirviendo al Señor en el frente de la batalla.

Nuestros hijos estaban grandes y encaminados, encontrando su propio rumbo y dejando que el Espíritu Santo los guiara.

Igual que nosotros.

Podíamos seguir haciendo todos los sábados como durante tantos años «Gloria a Dios» pero podíamos más.

Nos fuimos a Cuernavaca para comprar una casa y allí vivir.

Encontramos una casa bellísima, con piscina, en las lomas, un lugar muy prestigiado de la ciudad. Señamos la casa y nos fuimos a festejar a un bello hotel, que tenía un cuarto para enamorados construido en el tronco de un gran árbol.

Pasamos allí unos días, soñando con la hermosa casa que íbamos a tener en la ciudad de la eterna primavera cuando recibimos una llamada de la oficina de Paul Crouch. Su secretaria nos decía que nos necesitaban en Costa Rica. Nos fuimos de Cuernavaca a Costa Rica y después de estar allí nos fuimos con Paul Crouch a El Salvador. Y él, mientras visitábamos un edificio con cámaras, con luces, pero sin acción, me dijo: «¿Por qué no te quedas aquí por un tiempo?»

Volvimos a Los Ángeles y le conté a Anita lo que me había dicho Paul Crouch. Y agregué: «¿Por qué no salir de misioneros?» Anita casi se atraganta.

El sueño de Cuernavaca quedaría en el baúl de los recuerdos mientras poníamos delante nuestro vehemente deseo de servir.

Luego de mirarme profundo como siempre, me preguntó:

—Manuel, ¿hablas en serio? —dudaba, porque conocía mi humor y que constantemente le estoy haciendo chistes.

—Sí, amor. Es nuestro tiempo. TBN tiene su obra en El Salvador sin quien la dirija y tú y yo tenemos la experiencia y el tiempo. Como Dios nos suplió hasta ahora seguirá haciéndolo. En El Salvador nos aman. Siempre que fuimos nos atendieron tan bien…, ¿por qué no devolverles un poco de todo lo que nos dieron?

—Como tú digas, Manuel, —me dijo.

Yo sabía que ese era un sí grande.

Al otro día hablé con Paul Crouch y le dije que aceptaba. Manuel Bonilla, sí, yo iría a levantar la obra en El Salvador y de allí a toda Latinoamérica. Él siempre pensó en tener canales afiliados en Latinoamérica con los cuales poder desarrollar una amplia red internacional.

«Te envío ya mismo los pasajes» volví a escuchar lo que tantas veces había escuchado.

Había viajado en coyuco, en autobús, en carro, en tren, en avión, pero una vez más nos subíamos a un sueño. ¿Por qué no?

Que Latinoamérica tenga una red de canales que bendigan al pueblo de Dios, que marquen diferencia y sea un estandarte en medio de las comunidades de cada país contra el pecado y la corrupción. Sí. Hacia allá íbamos.

Mis hijos eran grandes. Annabelle con veinticinco, Manny con veintitrés y Danny con dieciocho podían quedarse seguros en Los Ángeles. Así es que se quedaron y continuaron con sus vidas.

El canal tenía el edificio, tenía las luces, tenía las cámaras. Solo le faltaba alguien que confiase en el Señor que ese sería un buen medio para poder llegar a toda Latinoamérica. Y yo confié.

Mientras estuviéramos allí Annabelle tomaría el lugar de Anita en la oficina para poder distribuir nuestros discos. Y esto era muy importante. Dios nos suplía por las ventas de cada uno de los materiales que por años habíamos generado.

Y Manny me acompañó. Era el camarógrafo principal de Benny Hinn en esos tiempos y con su sueldo se sostenía y podía venir a desarrollar la obra que deseábamos sembrar en El Salvador.

Cuando llegamos a El Salvador recién había terminado la guerra. En el hotel donde nos alojamos encontramos personas de Brasil, de Argentina, de Chile e italianos, que se apersonaban en son de paz y para brindar sus servicios para garantizar la democracia en esa tierra.

En el mismo hotel estábamos todos juntos.

Pero no sabíamos lo que sucedía.

Todas las mañanas cuando viajábamos por la ciudad veíamos gente tirada en las calles. Y yo les preguntaba a los que nos llevaban:

—¿Por qué se quedó dormido allí?

Y me decían:

—No, señor. No está dormido. Lo mataron anoche.

Había muertos tirados como perros por las calles.

La situación era caótica. Muy fea. Teníamos que estar protegidos por el gobierno. Teníamos que estar con guardaespaldas por los robos y asaltos, porque salíamos de la emisora a las diez u once de la noche y a veces debíamos caminar 5 kilómetros hasta la casa.

Y la necesidad de la gente que sufrió la guerra era grande.

Todos tenían armas y de noche se escuchaban ráfagas por la izquierda y por la derecha a toda hora y uno nunca sabía si una bala le volaría los sesos.

Una vez estábamos comiendo en un restaurante al aire libre y desde la esquina de un hotel salió una ráfaga de balas. Anita levantó la cabeza y dijo: «¿De dónde salieron esas balas?»

Alguien que estaba con nosotros la tiró al piso y luego la arrastró hasta el baño donde se escondieron. No sabíamos si la bronca era con nosotros o con alguien más.

Y de esas pasamos muchas.

Al estar allí tuvimos claro que Dios nos había enviado con una misión especial. Que ese canal cristiano debía estar abierto contra el mal y no podíamos dejar de decir lo que veíamos y oíamos, alabando a Dios en todo momento.

Pero la guerra no viene sola. La traen en brazos la miseria, los vicios, los malos hábitos y la adoración diabólica.

En esos años eran común recibir amenazas de muerte. La brujería quería plantar su bandera y nosotros no la dejábamos.

Hasta convenciones internacionales de brujas hacían.

Nos mandaban a decir que si no nos calmábamos de hablar de una manera tan abierta en la televisión me iban a volar la estación.

Había ocasiones en las que estábamos en la estación y escuchábamos las ráfagas de balas. Para pasar por los pasillos con ventanas que daban a la calle íbamos agachados para que no nos vieran pasar. Hasta dentro de la emisora estábamos en peligro.

Busqué una casa pequeña para no ser estorbo a nadie. Pensé que un embajador de TBN no podía andar tirando dinero. Entonces un amigo creyente que estaba en el gobierno, el licenciado Jorge Martínez, me preguntó:

—¿Dónde buscó casa?

Le dije dónde estaba y que era una casita con baño, una recámara y una cocina.

Él, frunciendo el ceño, me dijo:

—Vaya y pídales que le regresen el dinero que les dio. Usted no va a vivir allí porque es un embajador que Dios nos ha prestado para levantar esta estación.

Entonces su esposa Abigail encontró una casa para nosotros en la Colonia Escalón, que era muy prestigiada, donde estaban todas las embajadas, donde la gente vivía de una manera confortable.

Y nos trataron muy bien.

«Ustedes se quedan allí», nos dijeron. Y se ocuparon de todo. Dios siempre tiene ángeles en cada sitio del mundo que pueden cuidarte, protegerte y guiarte. ¡Alabado sea Dios por ellos!

Mi hijo mayor Manny vino con nosotros. Estuvo como un año entrenando a los camarógrafos, ofrendando su tiempo y su trabajo.

Fue emocionante, fue un reto increíble.

Trabajamos duro unos cuantos años. Hasta que mis hijos empezaron a decirme que no querían que sus hijos crecieran sin sus abuelitos. Y de a poco comenzó nuestro deseo de regresar.

Desde El Salvador pensábamos llegar a toda Latinoamérica pero TBN consideró más apropiado que la base para ese proyecto estuviera en Costa Rica.

Un ciclo terminado de dar y ser bendición para otros. Todo se dio para mirar hacia California. Y así fue como elegí volverme y comenzar de nuevo.

Manuel Bonilla con Marcos Witt

Testimonio de
Annabelle Bonilla

**Hija de Manuel quien aprendió de él a
ser una melodía de amor**

Cuando yo era niña muchos me preguntaban, «¿Cómo es tener a Manuel Bonilla como padre?» Siempre me extrañaba esa pregunta porque Manuel Bonilla es mi papi. Es el hombre que me quiere, juntos crecimos, cantamos, vivimos, viajamos y compartimos. Él es mi papi, él me cuida, me regaña, me mima, me anima y me apoya.

Al ir creciendo, me fui dando cuenta que no todos los padres eran como el mío. Mi papi cantaba y salía a ministrar en iglesias, radio, cruzadas, televisión. Mi papi era un hombre con un propósito real que dependía de Dios, obedecía a Dios y que vivía siempre entregándole lo mejor a Dios. Mi papi era transparente con Dios y con nosotros. En su diario caminar tomaba tiempo para compartir lecciones espirituales y prácticas que nos ayudarían en nuestras vidas. Juntos, con mi mami y hermanos, crecimos y hemos compartido de muchas bendiciones, luchas y momentos inolvidables.

Ahora de grande si me hacen esa misma pregunta les contesto que me siento privilegiada y orgullosa de mi papi. Pero también me siento agradecida con Dios por haberme puesto en esta familia y haberme dado un legado rico con experiencias, fe y una melodía de amor.

Capítulo 11

*L*os años en TBN fueron únicos. Por lo que lográbamos en la gente y lo que Dios producía en nosotros mismos. Y siempre había un desafío nuevo.

O un decorado o una idea o una personalidad o un tema o lo que sea, siempre nuevas situaciones golpeaban a la puerta para extraer lo mejor de nosotros.

Entre mis compañeros del Canal estaba Benny Hinn. Un hombre de Dios. Nacido en Palestina. Su familia emigró a los Estados Unidos siendo él muy pequeño. Tras un breve paso por Canadá llegó a Orlando. Y el Espíritu Santo a su vida. Como el Espíritu de Dios lo tocó a él, él tocaba a los otros y estos sanaban.

En un telemaratón me pidió si podía ayudarlo con un gran coro que quería para una cruzada especial. Me habló de dos mil personas. Eso sí que era una locura. Hacer que dos mil voces sonaran bien era muy difícil pero acepté el desafío. Preparé a ese coro diligentemente. Semanas y semanas de preparación. Yo hacía de solista.

Un día se me acercó y me dijo: «Manuel. Siento que Dios me ha dicho que tengo que trabajar contigo, que tú eres el varón con la llave de oro que me va a ayudar a abrir todas las puertas de los países de América Latina». Y así fue.

Aquel parecía un día como cualquier otro pero no lo era. En el canal, en medio de las ocupaciones y del ritmo vertiginoso de la televisión, parecía que el tiempo se detenía ante cada palabra que me decía. Todos me conocen. Sentía la presencia del Espíritu Santo allí entre nosotros. E inmediatamente le dije:

«Está bien».

A las semanas me dio unos boletos de avión y todo el itinerario para preparar los coros de sus cruzadas de sanidad.

Me juntaba con las iglesias que organizaban el evento y armábamos lo que haríamos. Benny elegía la música y la que no estaba en español yo la traducía. Me pedía la que hablara de estar en la presencia de Dios para que el Señor pudiera trabajar en los corazones de los presentes y crearse el clima para que ocurrieran los milagros.

En esas cruzadas oraba por los enfermos, había una gran unción, estábamos en la presencia de Dios, por eso era muy importante la música que eligiéramos.

Él también fue especial para mi vida.

En uno de los eventos para pastores que le organicé en Sudamérica se me acercó. Ministró a muchas personas y de repente me llamó a mí. Yo le tenía un poco de miedo porque en una ocasión había estirado la mano para que cayeran todos los pastores. Cerca de mí estaba Claudio Freidzon, un pastor argentino quien, al caer me golpeó las costillas con el codo. El resto del viaje lo pasé casi sin poder respirar.

En la noche cuando fuimos a cenar, Benny me preguntó qué me traía.

Le conté lo de Freidzon.

—Y siento que no puedo ni respirar –agregué.

Asi que en el evento de pastores me llamó: «Ven. Quiero orar por ti».

Como él escupía, tiraba el saco, estiraba las manos, yo no quería que me exhibiera, pero entonces se me acercó y me dijo con una voz muy suave, casi pastoral: «Ven acá. Dios tiene para ti cosas muy grandes. Él me muestra que el futuro donde vas a servir es mucho más grande que lo que hiciste hasta ahora».

Yo pensaba «Esto es imposible. Si hasta acá más no puedo hacer. He estado en los más grandes estadios de Latinoamérica, en las más grandes reuniones interdenominacionales mundiales con el doctor Billy Graham». Pero él siguió diciendo delante de todos: «Quiero orar por ti».

Yo pensaba, abrumado: «¡Benny Hinn, ministrándome a mí!»

Se sacó suavemente el saco, se acercó, me agachó y puso el saco por encima de mí. Y me abrazó. En ese momento sentí la sensación más increíble de mi vida. Jamás había sentido algo igual. Parecían clavarse en mi cuerpo un millar de clavos. En todas partes, desde la nuca hasta los pies, como si fuera un shock. Luego me desvanecí y empecé a caer pero como él me tenía tomado no caí. Entonces les dijo a sus ujieres: «Vengan. No quiero que toque el piso. Levántenlo y que no se caiga».

Tengo un muy buen recuerdo de Benny. En cada lugar donde iba era un hombre de Dios. Y uno quien trabaja muy cerca de él aprende a quererlo y a escuchar de Dios en su ministerio.

Es una experiencia que nunca voy a olvidar.

A través de él, el Señor me dijo que tenía algo especial para mí. Y todavía no lo viví como creo que lo voy a vivir.

Y me hace recordar cada profecía que el Señor me da que me dice: «Quiero usarte. Lo mejor viene de camino».

En Guadalajara me tomó un señor que me dijo: «Manuel. El Señor te dice que derramará Su Espíritu sobre tu vida de una forma más grande».

Yo soy dócil para eso. Siempre estoy a la expectativa de lo que esté llegando. Y veo la bendición de Dios no solo llegando sino siempre activa. Que no pare, que no se pudra. Como un manantial continuo. Que siga cayendo.

Con Benny Hinn viajamos por diferentes países, en grandes cruzadas de sanidad. Cada vez que subía a un escenario recordaba al Hermano Pablo y aquellos tiempos, pero ya habían pasado veinte años, y no solo no menguaba, sino que veía más y más multitudes a mi alrededor. No solo veía personas convertirse, sino veía sordos oír, ciegos ver, paralíticos caminar, al Espíritu Santo manifestarse poderosamente en las vidas de decenas de miles. Costa Rica, Brasil, Argentina, Perú.

Y el escuchar de la mismísima boca de Benny que todavía había más me hacía pensar que conmigo, Dios se había equivocado de persona.

¡Yo lo amo, sí, con todo mi corazón, pero no soy digno de tanto privilegio! ¡Ministrar a través de la pantalla, en los estadios y al lado de hombre únicos! ¡Dios ha sido muy bueno conmigo!

Yo siempre me mantuve firme y humilde. Y pequeño. Confiando cada día en Él. No creyendo que mis ojos contaban la verdad sino solo mi adoración. No podía suponer que yo tuviera algo que ver con todo eso porque sabía que el Señor quería de mí lo mejor. Y mi mejor manera de cantar era desde el corazón y hacia el corazón. Recordando de donde vengo y buscando las mil formas de tocar el corazón del hombre común.

Y yo creía en el ministerio de Benny y estaba comprometido a ser un puente para que Dios pudiera usar a ese gran hombre para sanar a otros.

Asimismo, yo daba mi tiempo y Anita el suyo para servir a los santos de El Salvador y de Hispanoamérica. Creíamos en el proyecto de una televisión sana y de bendición. Y lejos de casa. Como cada adorador. Siempre digo que es bueno estar volviendo a ver a la familia y a las querencias. Nos vinimos de allá cuando sentimos que había política en contra nuestra. Dios se revela en la vida de uno y uno debe obedecer. No importa cuán ocupado estés o cuántas cosas tengas para hacer en ese lugar. Si Dios te dice: «Ve». Debes ir.

Un profeta en una reunión se me acercó y me dijo:

–Creo que tengo palabra de Dios para ti. Cuéntame un poquito de lo que estás haciendo.

–¿Dónde estás ahora?

–Estoy en El Salvador.

–¿Y qué estás haciendo en El Salvador?

–Pues estoy en un trabajo misionero. Estoy trabajando con TBN.

–¿Y qué más haces?

–Estoy organizando las cruzadas de Benny Hinn en América Latina. Las de Costa Rica, Perú, Buenos Aires.

–Dios desea que vuelvas a llevar adelante tu propio llamamiento. Que dejes todo y lo sigas a Él en un nuevo tiempo.

Él quería que yo conociera el corazón de Dios para mí. Quería llevarme de vuelta al llamado que Dios me había hecho. El mismo llamado de siempre. El llamamiento a cantar. Y me lo trajo de nuevo a la memoria.

¿Te acuerdas cuando estuvimos en la plaza de toros de Tijuana, cuando había aquel desorden, con unas diez mil personas y un habladero que no se entendía nada y los niños corriendo por todas partes? ¿Te acuerdas que te paraste con tu guitarra, y se hizo silencio y solo tu voz se escuchaba en medio de la multitud? ¿Te acuerdas cómo cautivaste a la multitud y te acuerdas de esto otro y de la bendición que fuiste en aquello? ¿Te acuerdas?

Y me dijo:

—Ya no lo haces, ¿verdad? ¿Y por qué no?

—Porque estoy trabajando para TBN.

—¿Y Dios te dijo que trabajaras para TBN en El Salvador?

—No.

Entonces me dijo que yo estaba en la voluntad permisiva de Dios, no en Su plena voluntad. Pero que Dios quería que regresara a eso. Y allí mismo confirmó lo que nuestros hijos nos decían. Nos dio el fundamento de porque Dios nos quería en otro lado.

Cuando este hombre me dijo que me centrara en la voluntad de Dios, las ofertas que Benny me hizo me dieron miedo. Y dije: «Prefiero hacerle caso a Dios y que sea Él que me haga millonario antes que sea un hombre el que me haga millonario».

Entonces renuncié a Benny y renuncié a TBN. Ya no quiero hacer más televisión.

Ese capítulo se cerró cuando decidí hacerle caso a Dios. Para ese tiempo Anita y Annabelle me estaban insistiendo que me dedicara a lo mío.

Yo ya no hacía grabaciones, ya no tomaba mi guitarra por estar trabajando en la tienda del otro. Atendiendo el negocio del otro. «Si quieres prosperar vas a tener que hacer caso al llamado que yo te hice», resonaba en mi mente.

«Te llamé para que tu voz bendijera a las naciones».

«No te la di para que anduvieses hablando a nombre de fulano o defendiendo a tal o cual».

Yo me preguntaba: «¿Cuántas veces me peleé en Buenos Aires por Benny? ¿Y qué gané? ¡Nada! ¿Cuántas veces saqué la cara por TBN? ¿Y qué gané? ¡Nada! Puras enemistades y malos entendidos y cosas horribles. Basta ya. De hoy en adelante voy a poner de nuevo la mano en el arado y voy a seguir al Señor».

Me quedé con un auto que echaba mucho humo, un auto humilde. Me quedé solo con Dios. Y le dije: «Señor, aquí estoy, en Tus manos».

Después de haber hecho eso, llegué a mi casa a empezar de nuevo. Tenía que itinerar, buscar mi presupuesto mensual y no tenía cómo. Le dije a Anita: «¿Lo hacemos?» Y ella me dijo: «Nunca te he dejado. Vamos». Cuando estábamos contemplando la posibilidad de irnos otra vez a itinerar empecé a llamar a los pastores que hacía años que no llamaba. Se asombraban de recibir mi llamado porque me tenían en un pedestal muy alto. Mi imagen estaba muy arriba, lo que me había hecho perder el contacto con la gente, con los pastores, con las iglesias, a las que no podía ir a visitar porque siempre estaba muy ocupado con la obligación de estar en vivo y en directo.

TESTIMONIO: ELÍAS PÉREZ

**Presidente de la Iglesia de Dios Pentecostal
Movimiento Internacional**

Hace muchos años que lo conozco porque Manuel Bonilla ha sido una persona que ha enriquecido la música cristiana, sobre todo esos himnos del ayer.

Llevo en el evangelio cuarenta y ocho años y estoy escuchando a Manuel Bonilla desde que prácticamente me convertí al Señor.

Porque los himnos de Manuel tienen un mensaje bíblico, un mensaje de la Palabra de Dios que escasea en este tiempo. Él nos pone a reflexionar sobre la grandeza de Dios.

Manuel Bonilla es una inspiración, porque ha guardado su testimonio.

No importa tanto el canto, porque hay personas que cantan o que ministran, no importa que sean ministros de la palabra o del canto.

Lo importante es la vida que lleva. Él tiene una forma de ser que a pesar de su edad siempre manifiesta la alegría del Señor, la paz del Señor.

Es un reflejo de la paz que Dios puso en nuestro corazón, que es más de lo que se pueda hablar o se pueda cantar. Hay vivencias de lo que uno enseña, predica o canta. Él es una persona que alegra el ambiente en donde está, que refleja la alegría del Señor.

Manuel canta una música clásica, que nos lleva a la reflexión sobre nuestra vida con Dios. Con diferencia a la música de hoy que conduce, inclusive, al movimiento carnal. Pero la música y el canto de Manuel nos llevan a reflexionar. Por eso es que admiro a Manuel, por su manera de interpretar la música sacra, que nos lleva a la misma presencia de Dios.

Manuel Bonilla cantando con Benny Hinn
en sus cruzadas internacionales

Capítulo 12

*C*omo ya les conté, yo fui alcanzado en un retiro para jóvenes.

En aquella ocasión, dije: «Así como yo fui alcanzado, quiero que otros sean alcanzados».

Un día íbamos en un viaje a Maxzaclan, Sinaloa, en un carro Oldsmobile del año, muy bonito, color marrón con cremita.

Bajamos por ese lugar y me gustó el verdor, me gustó la arboleda, lo lindo que estaba el paisaje. Y se me ocurrió preguntar si estaban vendiendo ese lugar. «Parece que sí, que el dueño ha dicho que lo quiere vender», me dijo un hombre que trabajaba en la finca.

Entonces busqué al dueño y le pregunté si vendía la huerta. Porque en sí era una huerta de duraznos y ciruelas rojas.

—Sí, si la vendo —me contestó.

—Pues, yo te la compro. Déjame ver qué es lo que traigo, porque no vengo programado para comprar un terreno de doce a quince hectáreas.

Y fui a mi portafolio mientras él no dejaba de mirarme.

Se me había rezagado un dinero de uno de los viajes que había hecho y traía suficiente como para dar un buen adelanto. Lo saqué y comencé a contar. Separé una buena cantidad y le pregunté si estaba bien con ese monto que le estaba entregando.

El hombre me miró y empezó a atar algunos cabos que no tenía por qué atar. Empezó a pensar que yo era un mafioso, un traficante de drogas o algo así, porque de esa manera cuentan ellos el dinero, por montones y sin tener una idea exacta de lo que tienen en el bolsillo.

Saqué todo el dinero. El hombre miraba a Anita y mientras la miraba, se decía: «Aunque sea un mafioso se la vendo». Después me contó que empezó a tener esos pensamientos de mí porque los mafiosos son gente no tan bien parecida como su servidor y regularmente con el poder del dinero que tienen escogen a las muchachas más bonitas. Entonces miraba a Anita, blanca paloma. Y se decía: «Pero este hombre, ni tan bien parecido con esta mujer tan linda, carro del año, va para la zona donde hay traficantes y exportadores de drogas. Bueno. Está bien. Échale el dinero para acá».

Y así, sin mucho papeleo, verbalmente, hicimos la operación. Claro, me extendió un recibo por el anticipo que le di.

Me fui y así fue el principio. Cada mes le iba a dar cierta cantidad de dinero y en cuestión de un año había pagado por aquel gran terreno que está en el norte de México.

Así empezó a hacerse realidad el sueño de la Misión Emmanuel. Allí edificamos una casa. La hice para mi padre. Ellos se fueron a vivir allá, porque mi papá quería vivir en el campo. Y el mejor regalo que yo podía darle a mi padre era aquella huerta frondosa y cultivada y dejar que mi padre se fuera a vivir allí.

Así fue mientras hacíamos otras cosas, otras construcciones; la casita era muy modesta de una recámara y una cocina comedor.

Y allí empezamos a hacer retiros y a traer gente que me ayudara con los retiros.

Magdalena está en el estado de Sonora, y ellos habían terminado de pastorear una iglesia por muchos años. Hice una casa para ellos, con la mira de hacerme la casa de campo.

Y la casa de campo que hice fue demasiado grande. Cuatro mil pies cuadrados de construcción, de cemento y ladrillos; muy amplia, con una sala de recepción que fácilmente acomodaba a cien personas. Invitábamos a los vecinos y parientes donde sacaba mi guitarra y les cantaba y les ministraba y también les enseñaba películas: viajes a Israel, cómo era Jerusalén y muchas otras.

Así fue como principié un trabajo de evangelización y de compartir con toda la comunidad lo que Dios nos había dado.

Nos gustó el lugar para hacer retiros para jóvenes. Y como Dios me había alcanzado, así quise dar de gracia lo que había recibido de gracia.

Teníamos las facilidades. Y empecé a comprar tiendas de campaña en Estados Unidos, donde entraban entre 5 a 10 chicos. Compré montones. Parecíamos indios, pero allí estábamos y allí empezó el Señor a alcanzar a cientos de jóvenes.

Construí un edificio de metal como para mil personas, con parabólico; construí una cocina para los retiros y el lugar iba creciendo como dice la Escritura acerca del Señor: en estatura y en sabiduría.

Viéndolo crecer nos daba que pensar en los niños, que siempre han tenido un lugar importante en mi vida.

Mis hijos visitaban frecuentemente el rancho con nosotros, y Danny jugaba con los niños de la aldea.

Algunos de ellos no tenían zapatos, o buena ropa, y mis hijos empezaron a adoptar a los niños pobres. Los escuchaba comentar bajito: «Yo le voy a llevar esto a Lázaro», «Yo le voy a llevar esto a esta muchacha».

Y vimos que empezamos a bendecir. La voz se corrió y comenzaron a llegar más y más niños pobres. Los empezamos a bendecir con ropa.

Y dijimos: «Por qué no hacer un alcance para niños».

Empezamos a hacer comidas. Comprábamos pavos, hacíamos tortas de pavo, y la cadena TBN me donaba miles de juguetes que traíamos para cada fiesta y fue creciendo y creciendo hasta que llegamos a tener tres mil niños en cada ocasión que abríamos las puertas.

No necesitábamos anunciar mucho. Simplemente íbamos a la radio y decíamos: «Niños aquí estoy, vengo con el deseo de bendecirles. Traigan sus gargantas, traigan sus palmas, traigan sus boquitas». Y llegaban por miles.

Y la voz se empezó a correr, y gente nos empezó a ayudar. Hicimos más instalaciones.

En un invierno crudo donde íbamos repartiendo juguetes por los barrios más necesitados llegamos a las casas y tocamos a las puertas y les preguntamos:

–¿Qué les trajo Santa Claus?

Y nos dijeron:

–Nada. Por aquí no pasa Santa Claus. Pasa por la calle de los ricos.

Y nosotros les dijimos:

–Aquí les traemos estos regalos en nombre de Jesucristo que los ama siempre con el amor más profundo.

En esa recorrida llegamos a una casita de dimensiones reducidas, solo de tres metros por tres metros.

Y dije:

—Buenos días.

Iba con mi familia, con mi esposa y mis hijos.

—Pasen —nos dijeron—. Está muy frío afuera.

La casita estaba hecha de un tipo de cartón corrugado bañado con aceite negro. De alquitrán.

Les pregunté:

—¿Aquí viven ustedes?

Algunas de las paredes de la casita tenían agujeros por donde entraba el frío. Y en medio del cuarto había un barril como de gasolina partido por la mitad donde hacían fuego. Había un niño de un mes, con los labios azules, muriéndose de frío, aun con ese fogón dentro.

También podrían haberse intoxicado con ese fogón pero al tener tantos agujeros la casita les entraba el oxigeno necesario; y con el oxigeno, el frío.

—¿Aquí viven?

—Sí, aquí vivimos.

Y volteaban para todos lados.

—¿Y dónde duermen?

Y me señalaron una pequeña cama en un costado.

—Aquí.

—¿Pero cuántos son ustedes?

—Somos siete.

—¿Y en esta cama duermen los siete?

—Sí. Aquí dormimos muy a gusto —me dijo la dueña de casa—. Yo me acuesto en medio de ellos y todos a mi alrededor como si fueran marranitos. Los siete.

¡Increíble!

–¿Y el baño?

Me hace un ademán señalándome el monte.

–Por allá nos vamos.

–¿Y el agua?

–Pues la traemos en baldes de donde haya.

–¿Y luz?

–Tenemos una linterna.

Y les digo:

–¿Pues cómo viven?

–Por la gracia de Dios, porque hace dos semanas mi esposo murió.

Entonces me contó que su marido era un gaucho, ranchero mexicano que cuidaba el ganado del hombre rico. Y que se enfermó de las piernas, produciéndole una gangrena que lo dejaba, por la infección, sin trabajar.

No lo dudé un instante. Junto con su madre, tomé a esos chicos y de a uno los fui subiendo al vehículo.

–No se preocupe, Doña Dora –le dije para tranquilizarla–. Dios me envió a mí para poder ayudarla. Quédese tranquila que la cuidaremos.

Así fue como la llevamos al rancho y durante un tiempo estuvo en nuestras tierras ayudando y siendo bendecida.

Los niños hoy deben estar grandes sabiendo que un día que Papá Santa Claus no vino, el Señor Jesucristo envió a un servidor para recordarles que Él los ama más que cualquiera.

Hemos vivido historias maravillosas en el rancho de Magdalena. Y desde allí el Señor bendijo las vidas de miles de niños. Todos entraban allí.

El rancho era una casa grande.

Se lo acabo de pasar a otro ministerio. Tenía un auditorio para mil personas. Tenía todo el sistema de sonido, cocina grande. A una hora de la frontera.

Una maravillosa etapa donde pudimos disfrutar de dar de gracia todo lo que habíamos recibido de gracia. Y entregar nuestro corazón. Un adorador debe vivir la experiencia de estirar sus manos para el necesitado porque eso hará sus manos más benditas para elevarlas en honor a Dios.

Magdalena se convirtió también en un lugar de bendición y de encuentro para músicos y autores. Siempre debería existir el deseo y compromiso de los autores en juntarse, en adorar juntos, en estar de rodillas juntos ante el Señor. Porque la profesión no eleva, normalmente "infla" y la comunión con otros cristianos que viven siendo salmistas es muy provechoso al corazón.

En uno de esos encuentros invitamos a muchos cantantes cristianos importantes a un retiro en la Misión Emmanuel, en Sonora.

Era un encuentro para cantantes y autores. Todos éramos adoradores.

Y estábamos todos cantando. Había un cuarteto que vino de Monterrey.

Todos cantábamos muy solemnes.

Entre los concurrentes también había un individuo que no había llegado ni a pagar la inscripción. Cuando nos juntábamos a alabar, él se sentaba en la tierra. Yo estaba dirigiendo a los cantantes y compositores y él, sentado allá, en el polvo, en el suelo, todo mal vestido y transpirado, me decía:

—¡Eh, oye, eh!

Y yo lo ignoraba.

Y él me seguía diciendo:

—¡Eh, tú, oye, eh!

Ni siquiera mi nombre sabía.

Me decía que quería cantar.

Cuando llegó y se supo que no tenía dinero lo dejé pasar. Me convenció porque me dijo que iba a hacer de todo. Me dijo:

—Yo le voy a servir los refrescos a todos los grandes, yo voy a ser el mandadero.

Y yo le decía:

—No. Deja que ellos lo hagan.

Y él decía:

—Yo me quiero quedar porque vine de tan lejos. Déjeme limpiar los servicios sanitarios. Van a quedar muy bien, déjeme quedarme.

Y yo pensaba «No le puedo decir que no».

Él se había quedado para ser el mandadero, el más pobre, el más despreciado.

Volviendo al tiempo de adoración, cada vez que yo estaba al frente me chistaba y me decía que quería cantar.

Hasta que le dije:

—Ven, pues.

Se levantó y dejando un polvaderón atrás, vino adelante.

Yo le dije:

—Aquí tienes el micrófono.

Él ni le puso atención al micrófono ni a la guitarra y empezó a cantar: «Mi pensamiento eres tú, Señor...» Cantaba ahí, en ese retiro para cantantes y compositores. De ahí salió esa melodía. Y el Espíritu Santo me decía: «¡Abrázalo!» Y yo le decía al Señor: «Pero huele feo». Y el Señor me decía: «¡Abrázalo! ¡Mírale los pies!» Él traía unas sandalias humildes del campo. Y cuando yo lo miraba veía sandalias hermosas. Y el Señor me decía: «Mírale el vestido». Y él estaba vestido de amarillo, todo sudado. Y cuando yo lo miraba en el Espíritu le veía una vestidura blanca. Y decía para mis adentros: «¡Este es un verdadero adorador!»

Me hice a un lado y lo abracé a pesar del olor y de su apariencia. A pesar de todo, le dije: «¡Bienvenido!». Recién en ese momento le dije bienvenido.

De ahí en adelante todos le decían «Mi pensamiento». Nunca más lo vimos. La canción que cantó se hizo famosa a través de mi voz y luego a través de otros excelentes cantantes, como Roberto Orellana. Pero para mí, esa canción tiene más que una excelente melodía. Tiene el corazón de un adorador. Ese campesino nos demostró a todos los que allí estábamos mostrándonos lo lindo que cantábamos que Dios mira el corazón y unge a aquellos que están dispuestos a servirle.

Me dediqué por más de veinticinco años a recoger niños de las calles.

Niños de mujeres de la calle que los tenían abandonados.

A eso me dediqué. Tuve niños desde un mes hasta que los mandé a la universidad. Debo decir para gloria del Señor, que todas las regalías de mis discos que eran miles de dólares que venían de México yo las ponía en la cuenta de mis 25 niños. Ellos eran mis hijos aunque yo no quería que me dijeran papá. Me decían tío Manuel. Pero mis hijos decían: «Esto es para mi hermanito Felipe», «Esto es para mi hermanita Gloria».

Así que además teníamos para darles un bocado, un pan, un cariño. Nunca me voy a olvidar de una niña que llegó a nuestro centro.

Llegó con ataques epilépticos. No la querían en ningún lado porque era epiléptica. Y nos la entregaron con una bolsa de medicinas y nos dijeron que se las teníamos que dar de día y de noche porque si no, se moriría.

Pero nosotros pusimos las pastillas y las medicinas a un lado y le dimos mucho amor, le cantamos, le dimos el mensaje. Y esta chica nunca más necesitó pastillas. Ese fue uno de los grandes milagros que hizo Cristo.

No nada más cantarles, sino también mostrarles que Cristo los ama a través de nosotros, de nuestras manos, de nuestros bolsillos, de nuestro corazón.

Allí estuvimos mucho tiempo, en donde muchos niños y jóvenes pudieron ser ministrados, y a través del tiempo lo hicimos en muchas diferentes capacidades.

Tuvimos muchos campamentos juveniles, retiros de pastores, encuentros para jóvenes, eventos. Ya se conocía aquél como un lugar de bendición.

La última vez, para la despedida, fueron como tres mil.

De los niños que recogimos uno era drogadicto de 7 u 8 años. Vivía cerca de un cuartel de soldados y de allí le pasaban la marihuana.

Teníamos niños con problemas emocionales, con ataques epilépticos, huérfanos, u otros que simplemente no habían tenido la bendición que tuvieron mis hijos.

Y nosotros queríamos compartir nuestras bendiciones con ellos, con miles de ellos.

TESTIMONIO
DANNY BONILLA

Alguien que aprendió a amar a
Dios con todo su corazón

Los tres meses de vacaciones salíamos directamente de la escuela y nos íbamos a misionar. Mi papá en esos tiempos trabajaba mucho y nos llevaba en el verano, y mucha gente no conoce los lugares que yo conozco.

Llegábamos para ver cómo era la situación, si había electricidad, y si no era la guitarra y su voz, y si había poníamos el equipo y los discos, listos para el servicio en la iglesia para invitar a un amigo que no conocía el Señor.

Eso es otra cosa que mi papá me ha enseñado siempre. Trataba a las personas como él le gusta que lo traten.

Trata a todo el mundo como si valiesen millones de dólares. Los trata muy bien. Cualquier persona aunque fuera una persona pobre hasta el presidente de México o quien sea siempre ha tratado a toda la gente igual, y esto me ha ayudado mucho en mi carrera. Tratar a toda la gente igual.

Mi padre es el mejor ejemplo que Dios ha tenido para mí. El Señor me ha educado a través de mi padre para que tome decisiones buenas, vivir esta vida a pleno, porque este día puede ser tu último día en la tierra.

Pero lo más maravilloso que él me ha enseñado es a no conformarme con lo que las personas le digan a uno. No ser rebelde, pero ser quien constantemente hace cosas nuevas. Mi padre siempre trabajó mucho. Él me ha enseñado a servir al Señor, a proveer a mi familia lo mejor. Él es el ejemplo mejor de mi vida. De hombre a hombre él ha sido lo mejor. Quiero que siempre sepa que lo amo mucho. Que he tomado todos los tiempos que hemos tomado de corazón. Que he hecho muchas decisiones con la ayuda de él. Que me enorgullece no simplemente ser Bonilla sino «el hijo de Manuel Bonilla».

Capítulo 13

Volví al llano a caminar con el Señor y con mi guitarra. ¡Qué experiencia maravillosa!

De estar con miles pero no tocar a ninguno a estar con cientos y tocar a cientos.

Cada etapa y modo de los que Dios se mueve tiene su bendición. Estoy muy agradecido a Dios por los años en cruzadas en estadios o en TBN cantando para todos los países, en el único programa de habla hispana.

Pero venía un tiempo especial que nuevamente iba a requerir todo de mí.

Estaba eligiendo que el Señor Jesucristo me llevara, nuevamente de pueblo en pueblo, de iglesia en iglesia y llegar al corazón de los niños, buscando que vieran que Dios es un Dios fiel.

Cuando estábamos en ese proceso, un hombre humilde, ranchero de Tucson, Arizona, me andaba buscando por intermedio de mi hermano Daniel.

Me mandó a llamar cinco veces.

Y un día que iba a ver a mi suegra, que vive en Douglas, Arizona, cerca de la frontera con México, pasé y fuimos a la casa de este hombre.

Llegué y se le llenó la cara con una sonrisa. Se levantó de prisa a saludarme con mucho respeto y admiración. Me pidió que lo siguiera, y sin perder un minuto me mostró unos carros antiguos, y otras cosas.

Luego me mostró una casa rodante que tenía en otro lugar y que se veía muy linda. Me dijo que era contratista y me mostró lo bien equipada que estaba la casa rodante y con mucha insistencia me preguntó si me gustaba.

Yo pensaba: «Qué lindo está para llevar mis equipos de sonido, mis instrumentos, para ir con todo el material para las iglesias, para poder estar en cada pueblo».

Y seguía preguntándome insistentemente si me gustaba, tanto que su insistencia me inquietó.

Y le pregunté con un inglés mediocre cuánto costaba, porque pensaba que me lo quería vender.

—¿*How machy?*

—*Nachy.*

—¿Estás diciendo lo que yo estoy entendiendo?

—Sí. El Señor me habló y me dijo que tú ibas a necesitar esta unidad.

Y metiendo la mano en el bolsillo sacó las llaves y me dijo:

—¡Es tuya!

Llorando y de rodillas nuevamente le agradecí a Dios. Para Él no hay tiempos, ni grandes lugares ni pequeños lugares. Estaba emocionado que una vez más Dios proveía todo lo que necesitábamos.

Así empecé a viajar de nuevo. Y a llamar a mis amigos de vuelta para itinerar, pero ellos no creían que Manuel Bonilla los estaba llamando porque para ellos yo estaba a otro nivel.

Y mis amigos me decían: «Si eres Manuel, cántame». Y yo tenía que cantarles por el teléfono. Creían que era un impostor.

Luego me decían que les bendeciría la vida y a la congregación, que estuviéramos cantando con ellos, pero que no podían pagar lo que yo valía.

No importaba. Yo sabía que Dios nos supliría como fuera.

Y así comencé a cantar de nuevo. Un verdadero adorador no se detiene ni deja su llamado. Y el Señor me dijo: «Aquí te quería, aquí te necesitaba».

Cada iglesia, cada congregación, cada nuevo abrazo me sacaban lágrimas. La gente no sabe lo importante que son para nuestras vidas y cómo cuanto uno más expuesto está, más solo se encuentra.

He conocido a muchos cantantes o predicadores que Dios los usó pero que pasaron sus últimos años solos con sus recuerdos.

Yo estaba nuevamente allí, en medio de su gente, del pueblo de Dios y vivo y lleno de energías para tantos años más.

Sí. Cada momento, cada culto, sacaban una lágrima de mí. No podía más que estar agradecido.

No necesitaba de los aviones, ni de las limousines, ni de hoteles espectaculares. Era una relación entre Cristo y yo. Él me había llamado y si Él me llamó Él me iba a sostener.

Y de nuevo, itinerando por los pueblos, Él abría puertas.

Me he encontrado con personas que me aman que en su deseo de ayudarme me dicen:

—¡Manuel, no tienes que andar en iglesias de cien o doscientas personas!

Y yo les pregunto:

—¿Que Cristo no visita iglesias de cien o doscientas personas?

—¡Sí, por supuesto! —me responden prontamente.

—Y si Cristo los visita ¿quién soy yo para no hacerlo? Yo quiero seguir las pisadas del Maestro, quiero caminar junto a Él.

En las épocas en que viajaba con Benny Hinn o en El Salvador no pude hacer grabaciones.

Fue en ese tiempo cuando llegaron los nuevos cantantes, los nuevos adoradores y sanamente le dieron un golpe a la música cristiana y comenzó otra era.

Mientras que yo estaba cumpliendo mi tarea con otros descuidé lo que Dios me había llamado a ser.

He ahí un mensaje para todos los que se están formando en el Señor. Dice la Biblia que ninguno que milita se embaraza en los negocios de la vida a fin de que le agrade al que lo llamó por soldado.

Y yo me embaracé en los negocios que no eran genuinos, que no tenían que ver con el llamado de Dios. Él me había dado un permisito pero llegó el día cuando me dijo: «Yo no te llamé para que andes como productor de televisión». Aunque no le gustara, me daba permiso, pero quería que le sirviera con todo mi corazón.

Y les digo a los amigos cantantes que recién empiezan que se centren en el llamado del Señor, si es que el Señor los ha llamado.

Porque si el Señor no los llamó van a desaparecer. Se van a secar y el viento se los va a llevar. Yo puedo testificar sin mandarme la parte que el llamado que Dios me hizo fue genuino, que he pasado por el fuego y que el Señor me ha dicho: «Yo te voy a sacar». Es confianza en el llamado que Dios me ha dado. No me importan las críticas, sigo adelante.

Y me reencontré con la música para hacer cosas nuevas.

Me reencontré con la manada pequeña, el remanente fiel.

Y algunos me critican porque no cobro.

Y los que me critican, que me sigan criticando; me critican porque no cobro, pero de lo que yo tengo no pagué nada. El que pagó fue Jesucristo, así que yo canto gratis.

Y Dios me da siempre más abundante de lo que pido o entiendo.

Hace muy poco concurrí a una iglesia donde había recibido una ofrenda que ni siquiera cubría los gastos de gasolina para llegar hasta allí. Pero a la salida, se me acercó un hombre, me abrazó y agradeció porque había sanado su corazón, porque se había liberado a través de la música escuchada y puso en mis manos un cheque. No vi la cifra, solo le agradecí el gesto. Cuando se fue abrí el cheque. Era una ofrenda de cinco mil dólares. Dios siempre cubre cada momento. No hay que legislarlo a Dios, solo creer en Él y estar dispuesto a bendecir a su gente.

Todas las mañanas me levanto y digo: «Jehová es mi pastor, seguiré adelante». O, como dice la casa rodante en su patente (tablilla): Salmos 23, Él es mi pastor.

A Dios le gusta que le den la honra.

Por eso disfruto de viajar, de estar en diferentes iglesias, de estar en radio y televisión y que nuestros discos recorran Latinoamérica.

En estos últimos diez años he viajado, he producido, he estado en lugares de gran bendición. Entre ellos tuve la posibilidad y puerta abierta de ir a Cuba.

Cuando estuve allí, un pastor nazareno me miró y me dijo:

—¡Bonilla, déjame darte un abrazo!

Me dio un abrazo y un beso y agregó:

—Quiero darte las gracias porque en las horas más difíciles, cuando huía a la montaña para hablar con el Señor (porque allí estaba prohibido por el gobierno) yo llevaba mi radio de baterías. Allí sintonizaba la estación de Bonaire y solo esperaba que tú cantaras porque tus canciones me bendecían el alma.

—¿Y cuál de todas mis melodías te bendecía más? —le pregunté.

Y cantó: «Cuando entre las pruebas se encuentre mi alma...»

Y cuando me lo decía, lloraba como un niño.

Este hermano era cubano.

En Cuba hay mucha gente muy blanca y gente muy morena, pero yo no miraba el color, miraba un alma, un ángel que Dios había protegido todo este tiempo.

Cuando el gobierno se los prohibía, Dios me permitía estar allí para consolarlos por medio de las melodías.

También en esa oportunidad había llevado cinco mil casetes de música para niños con el fin de regalarlos, y uno de esos casetes llegó a manos de un niño.

Y este niño estaba con su mamá en el lobby del hotel y se dio cuenta que yo era Manuel Bonilla y me dijo:

—¡Bonilla, me gustó mucho el casete que me regalaste!

Y la madre añadió:

—Sí, es verdad. Ese casete no para en casa.

Le dije al niño:

—¿Y cuál canción te gusta más?

No me quiso decir el título, sino que me la cantó:

—«No vengo del mono no, no, no, ni de la naranja, ja, ja, ja...»

A ellos les enseñan la teoría de la evolución y no la mano divina.

Esta canción me la dio mi Señor como resultado de escuchar que los maestros les enseñan a los niños que nosotros provenimos de la evolución, entonces le dije:

—Voy a cantar esa canción.

Y agrego a esto que cuando llegue al cielo, me va a estar esperando el cubanito y me va a decir: «Bonilla, chico, ven acá, yo estoy aquí porque tú me enseñaste el camino con la música que me cantaste en Cuba».

Siempre tuve una predilección especial por los niños. Recuerdo que viajando con el Hermano Pablo me tomaba el tiempo para juntarme con los niños de cada país. Muchos de ellos me han escrito para decirme que conocieron a Jesús a través de mis canciones.

Las primeras producciones de niños las hice hace treinta años y nunca más había vuelto a hacer.

Pero luego de esto comenzó esta bella etapa con los niños.

En 1995 transformamos todos los de larga duración que habíamos grabado en discos compactos y así produje el primer *CD* recordando a los niños. Y de allí en más hasta los *DVDs* de hoy vemos como los materiales para niños que produzco bendicen a toda una nueva generación.

El primer *DVD* de niños apareció de una manera especial.

Siempre digo que del limón Dios puede hacer limonada.

Hace unos años tuve una enfermedad horrible en la encía que me comió todo el hueso. Me tuvieron que hacer implante de hueso.

Los dientes que me fabricaron al comienzo eran sin medida. Hablaba como si tuviera piedras en la boca. ¡Imagínate! Si no podía hablar, mucho menos podía cantar. Me miraba, probaba y me soltaba a llorar...

Sentía que ya estaba acabado, que se terminaba mi mundo, que ya no podría cantar, fue un golpe tremendo.

¿Y ahora, qué vamos a hacer, Dios? ¿Qué hago? ¿Paro ya? ¿Me doy por vencido? ¿Me retiro? ¿Quién se va a presentar con esta dentadura?

Anita me dijo: «No te puedes retirar porque tu voz sigue dulce, y sigue buena. Solo te faltan algunos dientes... Habrá que ponerlos».

Y nos fuimos al dentista y me puso unas placas o cajas para que viera cómo iban a ser. Pero canté dos veces y por poco las pierdo. «Doctor esto no servirá. Cuando cante echaré las placas», le dije al odontólogo.

«Entonces la otra avenida es hacerte implantes de metal».

Todo el tratamiento tardaba y la inversión era demasiado.

Entonces estuve preocupado, por qué sería de nosotros en este tiempo y en el futuro.

Anita que es la que Dios usa más para platicar, me dice en el desayuno:

«Mira lo que me mandó a decir el Señor para ti: "Ya es muy tarde para la siega y no cuentas para este otoño con mucho trigo, pero su rendimiento redundará dentro de dos años a partir de ahora"».

¡Impresionante!

Hagámonos de esa promesa. Y fue hace dos años y no nos ha faltado nada.

Y en ese tiempo, cuando creía que ya no iba a cantar más, le pregunté al Señor: «¿Señor, qué voy a hacer? ¿Qué puedo hacer?»

Fue cuando el Señor me inspiró para hacer el *DVD* para niños.

Si no voy a cantar, por lo menos puedo mostrarles qué tengo para ellos.

Entonces contratamos a una empresa de caricaturas. Y les dijimos exactamente lo que queríamos.

Los años de televisión y la formación que Dios me ha dado me han ayudado mucho.

Un *DVD* con música y dibujos animados para poder cantar y contar las maravillas de Dios a los pequeños.

Cuando creí que me iba a quedar sin cantar fue que el Señor me dio que hiciera eso para los niños.

Cuando terminé con el tratamiento, el Señor me dijo: «Te voy a dar tu dentadura (porque es mía yo la pagué) y también me dio el *DVD* y se vieron las ventanas de los cielos abriéndose, porque Él me había dicho que me iba a poner en la abundancia. Ya estamos sacando el segundo *DVD*.

Como ministro de Dios y adorador he vivido todo tipo de situaciones tanto en cuanto a desarrollo como relacional.

He visto a Dios moverse en gran cantidad de aspectos. Pero en los últimos años ha llegado a mí el último enemigo a ser derrotado, la enfermedad.

Es muy fácil hablar de sanidad cuando uno está sano pero hablar de sanidad cuando está enfermo ya es otra cosa.

Viajando por los pueblos, sentía que había vuelto a mi primer amor. Mis discos compactos se vendían más y más y la gente que antes me escribía para saludarme ahora me abrazaba.

Pero en medio de tanta bendición me diagnosticaron cáncer de próstata.

En ese momento yo ya había compuesto: «Quién es el que camina por las aguas, es Jesús...»

Ya lo había cantado muchas veces, y yo le decía al Señor: «Tú me tienes que sanar, yo no me puedo morir de cáncer».

Y empecé en mi mente a reclamar las promesas de Dios y recordé una enseñanza que decía: mediten la palabra, miren la palabra, coman la palabra, sueñen la palabra, canten la palabra. Entonces yo estaba confiado en el Señor y le pregunté: «¿Tú me vas a sanar, Señor?» Y el Señor me dijo: «¿No te he dicho que así será?»

El problema más difícil era cuando iba al médico porque él me examinaba y me decía:

—¡Estás enfermo, Manuel!

Y yo le decía:

—Yo creo que estoy sanando.

Y él decía:

—No. Tú no estás sanando. Te vamos a dar quimioterapia.

Y yo no quería saber nada con eso. No quería saber que tenía ese cáncer.

Mi hija Annabelle venía y me acariciaba y oraba por mí. Mis nietas oraban por mí. Toda mi familia oraba por mí.

Fue una presencia muy dulce de Jesucristo en mi casa.

Un día vino un pastor con un diácono. Vinieron para orar por mí. Porque se enteraron que tenía un cáncer que me estaba matando.

Y me impusieron las manos, me despeinaron todo, por poco me sacan la cabeza, eran muy efusivos.

Y en medio de la oración citaban párrafos y versículos de la Palabra que me edificaban, que yo asimilaba y creía, los recibía y los ponía en mi corazón. Pero cuando se fueron, en la iglesia le pidieron un reporte y el pastor moviendo la cabeza dijo: «Lo siento mucho. Yo como pastor he visto muchos casos. Tengo que decirles que creo que al hermano Manuel nos lo vamos a cafetear». En México, en los velorios se toma mucho café. Por eso se usa la expresión cafetear.

Y qué interesante que el que oró con tanta fe, no la tenía, pero yo confiaba en la Palabra del Señor.

Al año me citaron porque me tenían que hacer el tratamiento de quimio.

Mi hijo Danny nos acompañó para darme su apoyo. Cuando llegamos allá, le dije a Anita:

—No te preocupes porque yo sé que el Señor me sanó.

—Está bien, pero esperemos a ver qué dice el doctor —me respondió.

Y cuando me vio el doctor, me dijo:

—¿Qué te pasó? Te ves muy bien. Vamos a ver cómo estás.

Me hizo los exámenes completos y me dijo que no me iba a hacer el tratamiento porque el cáncer había desaparecido.

Todo esto no me hace más que vivir dependiendo del Señor y cuando estoy dando gracias por la comida o por otras cosas le agradezco por siempre estar siendo ese bálsamo de amor y sanidad que saca cada piedra del camino.

Le he dicho: «No dejaré de alabarte por tu magnificencia y por tu bendito amor».

Creo que esto es lo que después de cincuenta años me hace seguir cantando.

TESTIMONIO DE
ANITA BONILLA

Admiro a Manuel por su entusiasmo, su perseverancia, y lo que hace por su Señor (como él dice) y seguir haciendo lo que Dios le mandó a hacer hace 50 años. El deseo principal de

Manuel es dejar una herencia musical para que muchos otros jóvenes continúen sirviendo al Señor tal y como él lo hizo.

Un pensamiento que describe su corazón es este que leí en un ideario juvenil hace muchos años:

> Es el atardecer gris y sombrío…
> Por el camino solitario, un viejo
> Llega al paso del río
> Sin temor a la rápida corriente:
> Pero luego que estuvo al otro lado
> Volvióse a hacer un puente…
> «¿Para qué desperdicias tu energía?»
> (Le dijo un caminante)
> «Tu viaje acabará al morir el día
> Y ya nunca vendrás por este sitio.
> Has salvado la rápida corriente,
> ¿Por qué te empeñas en construir un puente?»
> El noble viejo levantó la frente
> Y respondió con luz en la mirada:
> «Un joven de cabeza soñadora
> Viene detrás de mí por el camino;
> Y habrá de cruzar el ancho río
> A la hora en que las sombras van cayendo,
> Y para él, buen amigo, estoy haciendo
> Con mis manos expertas este puente».
>
> Anónimo

Todavía esperamos que nuestras nuevas generaciones (incluyendo a nuestros hijos y nietos) puedan tener el sentir y el compromiso que hay en el corazón de Manuel de seguir cantando y adorando al Señor por muchos años más.

Capítulo 14

os vinimos a Tucson por la invitación de unos hermanos. Compramos el lote, pusimos allí nuestra casa rodante y comenzamos a ver cómo Dios construía la casa donde hoy vivimos.

¡Esta casa sí que es un milagro!

Cuando la comenzamos, teníamos cinco mil dólares.

Cuando la terminamos, teníamos cinco mil dólares.

No le pedimos dinero al banco, no sacamos dinero prestado y pudimos terminarla.

Teníamos confianza de que Dios estaba en la construcción y si Dios no edifica la casa en vano actúan los que la edifican.

¿Qué pasó? Platiqué a mis amigos lo que estaba haciendo y de inmediato me ofrecieron su ayuda.

Cuando algunos de ellos estaban pintando la casa me decían:

«Hermano Manuel, yo quiero ponerle el piso, no se lo dé a nadie. Quiero que recuerde el resto de su vida que yo le puse ese piso».

Estábamos en Arizona con una bronconeumonía, viviendo en la casa rodante, con el lote comprado y la casa a medio hacer, cuando el pastor de la iglesia Tabernáculo, de Phoenix, se dio cuenta de lo que sucedía.

El Señor lo escogió a él y le dijo: «Manuel está enfermo. Dijo que iba a terminar su casa y no la ha terminado».

Un día llegaron a vernos cuatro o cinco muchachos.

—Hermano Manuel —me dijeron—. Aquí estamos. El pastor nos mandó para ayudarle con la construcción de su casa.

—Mi casa es grande —les dije—, pero si de veras quieren ayudarme, pasen.

La casa tenía el emplaste por fuera pero nada adentro. No se veían más que los barrotes.

Les dije:

—Pues aquí hay que ponerle tabla roca por dentro.

—Entonces regresaremos el lunes —me dijeron.

—¡No! —dije varias veces—. El lunes no van a llegar, porque no tengo dinero para comprar eso. Estoy enfermo y no puedo hacer nada. Esperen a que me sane y salga y haga lo que el Señor me enseñó a hacer, a cantar y a bendecir a la gente, para que la gente me bendiga con la compra de mis discos y materiales.

—Está bien —respondieron.

Y se fueron muy contentos.

El lunes aparecieron nuevamente con un gran camión cargado de todas las tablas roca. Compraron máquinas nuevas, la selladora de los papeles y un montón de cosas más.

Escuché desde la casa rodante el ruido inconfundible de estos grandes vehículos y se me paralizó el corazón.

—Mira —le dije a Anita.

Salí y los ví contentos parados al lado de mi casa rodante con los brazos abiertos.

—¿Y esto qué es? —les pregunté, mientras ellos sonreían.

—El pastor —respondió Eleazar, el yerno del pastor— dijo que usted no puede estar viviendo en esa casa rodante sin hacer nada. Que usted pertenece al pueblo y que tiene que estar dentro de su casa. Y aquí sentado no puede hacer nada. El pastor nos mandó a que le arreglemos toda la casa.

Así fue que se quedaron casi como un mes.

Trabajaban día y noche. Cada pared era tratada con la máxima perfección. Cuando yo creía que estaba terminada ellos volvían a lijarla.

—Ya está bien —les decíamos Anita y yo—. Está bonito.

—No —replicaban—. Esto es para el siervo de Dios.

Era un cariño tremendo. En la noche, cuando el sol se ocultaba, yo tocaba mi guitarra para ellos y mientras ellos cantaban y adoraban a Dios con manos levantadas, yo lloraba dándole gracias a Dios por ser tan bueno conmigo.

Pero no era la casa lo que me hacía llorar, ni siquiera esta gente tan amorosa y entregada para bendecir, sino que era Dios por haberse ocupado de construir mi casa a través de estos siervos.

Sentía la mano de Dios sobre mi espalda acariciándome, dándome palmaditas, alentándome, recordándome que Él es mi suficiencia. Y pudiendo experimentar la base misma de la adoración. Esa relación íntima donde uno levanta sus brazos y Dios baja los suyos.

Fueron momentos muy lindos los que pasamos.

En un mes me entregaron la casa.

Uno de ellos me dijo: «Hermano Manuel, déme el privilegio de pintarle yo la casa. Usted compre la pintura nada más».

Compré la pintura y comenzó a embellecerla más y más. Compraron una máquina especial, como decían ellos: «Especial para Manuel Bonilla».

Cuando estaban pintando la casa les mostré el tipo de mosaico que quería comprar para el piso. Era para todo lo que alcanzaba.

—No —me dijo uno de ellos—. No podemos hacer eso. Vamos a ir y escogeremos lo mejor.

Y escogieron Travertini, primo hermano del mármol.

Cuando llegamos al mueble de la cocina, me dijeron:

—No vaya a ponerle una tabla. Póngale granito.

Ellos trabajaban y se iban reportando y el pastor supervisaba cada movimiento como un ángel elegido.

Lo mismo nos pasó cuando compramos las maderas para el techo. Teníamos el terreno y el techo antes aun que las paredes.

No entendíamos por qué Dios nos había dado primero el techo. Después supe que era una simbología para decirnos que Él nos cubriría siempre y que me quedara tranquilo y siguiera ministrando por sus caminos, que el techo, su cobertura, siempre está primero.

Nos sucedió de una manera muy especial.

Cuando compramos el lote y estábamos presupuestando la casa, enviamos los planos a una compañía para que nos hiciera los cálculos de cuánto nos costaría el techo. Pero pasó un mes y no nos enviaron ni el presupuesto ni nos devolvieron los planos.

Un día fui en busca de ambos.

—Vengo por los planos.

—¿Cuáles son sus planos? —me respondió la señora que me estaba atendiendo.

—Los que les dejé hace un mes para que me hicieran el presupuesto de cuánto me va a costar la madera.

—Yo me encargo de ese asunto —me contestó.

Y sentí como que me tomó un cariño muy especial.

Las personas que nos habían atendido anteriormente habían sacado la cuenta y eran como 27 ó 28 mil dólares.

Pero ella las volvió a sacar.

Y como habían quedado los planos de la casa por tanto tiempo me bendijo y me trató como si fuera un gran constructor, contratista de múltiples casas.

—Manny —me dijo—. Te tengo noticias buenas. El presupuesto que te dieron es el correcto, pero yo me hice cargo de este asunto y te lo voy a vender por dieciséis mil dólares.

—Está bien —le dije—. ¿Cómo puedo pagarlo?

—Dame tu tarjeta.

Sin preguntar nada más se la di. Le hizo una fotocopia y me la devolvió.

Luego me dijo:

—¿Dónde quieres los grandes camiones de madera con el techo?

La miré absorto y en esa milésima de segundo le dije a Dios: «¡Pero si no he firmado nada!» Y Él me respondió: «¡Yo sí!»

Y me trajeron toda la madera y a los cuatro meses recién me comenzaron a cobrar.

Y nos fuimos en la casa rodante como 4 ó 5 meses por las iglesias a bendecir, y semana tras semana yo mandaba dos, tres o cinco mil dólares, conforme a como Dios iba supliendo nuestras necesidades. Y pagué toda la madera y compré todo. Cuando llegó el tiempo de poner el techo, teníamos los operarios de confianza necesarios a cargo de Oscar Guevara y lo pusieron.

Fue milagro tras milagro.

Permíteme que te diga que en esta casa he vivido una de las experiencias más increíbles de verlo a Dios trabajar. Y hoy a cada paso recuerdo su obra, camino por su suficiencia, abro las puertas de su abundancia, miro su luz a través de las ventanas de su amor, me cobijo en el techo del eterno. No hay parte de esta casa donde Él no me haya demostrado que vive. Pero bien grande. ¡Que Él VIVE!

¿Y sabes qué felicidad? Nos levantamos temprano a hacer nuestro devocional y contemplamos el sol aparecer detrás de una gran montaña que lo contiene y voy a preparar el café y camino descalzo por cada cerámica que Dios bendijo y mandó a poner. ¡Esta casa es absolutamente del Señor!

Pondré una piedra de granito para la puerta con la inscripción A DIOS SEA LA GLORIA en español y en inglés. Y cuando me pregunten les diré que esta casa no la hice yo, sino el Señor porque yo le di mi vida a Él.

Terminé sin préstamos, con bendiciones y aquí está la casa.

Y llena de flores. Planta que plantamos, planta que da flores. Y se ve bonita. Todos pasan y la admiran.

Y yo a Él por su suficiencia.

Hasta en la tierra árida está su bendición que sin trabajarla la convierte en tierra que fluye leche y miel.

Mi jardín es la tierra prometida en medio del desierto.

Y la Biblia dice que plantaremos árboles y comeremos del fruto de ellos. Y así obedecimos. Plantamos en el desierto y Dios produjo oasis de su amor.

El arbolito de naranjos nos dio naranjos. Ya comimos higos también.

Anita no habla mucho, pero cuando habla lo hace con fe y seguridad.

–Mira lo que me dijo Dios –me dijo un día, llevándome a la sala de estar: «Dios nos dijo que tendríamos aquí para vivir y estamos contentos. En un año nos dio las finanzas necesarias para vivir en esta casa. Comenzamos con cinco mil dólares y los cinco mil dólares nunca se nos acabaron. Y terminamos la casa de casi medio millón de dólares. Él quiere que sepamos cuánto nos ama. Ahora me gustaría que lo mismo pudieran vivirlo mis seres amados, los que me rodean, cada adorador que anda caminando glorificando a Dios y bendiciendo a su gente».

En ese momento, sentí que Dios una vez más me estaba diciendo: «Fuiste de los primeros en cantar con guitarra en los cultos, en cantar para multitudes, en cantar en mis cruzadas, en hacer grabaciones, en conducir televisión. Hoy quiero que les muestres a los que vienen detrás que yo puedo construirles sus casas si ellos confían en mí. Que no es necesario correr tras las multitudes, que solo corran para ir a mi presencia».

He llegado a Tucson con el deseo de construir mi vida aquí.

Parece alocado. Que luego de haber cruzado por mil mares (o estadios) hoy esté pensando en empezar algo.

Pero creo que esa es mi esencia. Y seguramente la de todo adorador. Nuestros brazos en alto ayer no nos alcanzan para la adoración de hoy. Nuevos brazos levantados generan una nueva adoración.

Todos los días Dios renueva su misericordia por mí y yo renuevo mi agradecimiento, alabanza y adoración por él. Y creo que todos los que nos formamos cada día para cantarle un cántico nuevo hablamos el mismo idioma.

Todos los días estamos empezando. Cada momento es nuevo en bendición y en el corazón derramado al Padre celestial.

Yo me levanto cada mañana y me maravillo de pensar en la letra de la canción «La triste oveja». ¡Y mira que la he entonado miles de veces!

Así fue Tucson en nuestras vidas. No es el lugar que hemos elegido para nuestros últimos días antes de partir con el Señor, sino el lugar para principiar una nueva aventura, una nueva adoración, un nuevo ver moverse al Espíritu Santo entre medio de nosotros.

Vendimos nuestra casa en California, la de toda la vida y nos vinimos a esta montaña, Santa Catalina, que su belleza a kilómetros de la ciudad emerge indemne de cualquier comentario.

Y yo me paré delante de ella en el lote que estaba en venta y me imaginé todas las mañanas cantándole al Señor en su presencia. Y lo compré.

En la misma naturaleza y su singular belleza puedo adorarlo con profundidad.

Me ayuda a buscar con denuedo su voz en mi interior.

A los adoradores hoy les diría: «Dejen de correr tras los estadios, que no hay mejor público que el rostro del Señor. No hay mejor espacio para cantar que la intimidad con Él».

Y puedo decirlo con conocimiento de causa.

Estuve en los mares y en los ríos, en cayucos y en super aviones, en habitaciones con catre y piso de tierra y en excelentes cuartos de hotel, en reuniones con 2 ó 3 personas y en estadios con decenas de miles, y sé que no hay mejor espacio que en el interior. Que por más que cantes y cantes, si no cuidas tu interior de nada servirá. Y que la verdadera adoración está en ir a él con un corazón puro y simple.

Esta mañana me desperté sabiendo que el corazón de un adorador se dignifica con el siguiente pensamiento: «No importa si afuera hay cien mil personas o una sola. No vamos con una estrategia para diez o para mil».

El mundo actual nos invita como adoradores a soñar con el estadio o cantarle a las grandes multitudes y nos olvidamos de cantarle al Dios Todopoderoso cara a cara.

¿Cómo se puede ser fiel en un mundo tan cruel? me pregunto mientras miro embelezado la solemnidad de las montañas que tengo justo en frente de mi casa.

«Tengo que ser exitoso, perfecto, no fiel», parece ser la pauta que está marcando el mundo musical de este tiempo.

Pero si entendemos que Él es mi fortaleza, Él es mi amparo, Él es mi todo, nos acercamos más a Él, nos enamoramos más de Él, de tal manera que no nos podemos alejar de Él.

Si me tuviera que dar un título me daría el título de campeón de pasar pruebas, campeón de pasar adversidades. De haber visto pasar tremendos cantantes con nuevos estilos junto a mí que me estremecen y que me hacen decirle a Dios: «¿Será que tengo que cambiar lo que me diste porque si no mi música se desfasará?» Y Él me responde: «Sigue fiel a mí que yo guiaré tus pasos».

Muchas personas me han preguntado cómo es que he durado tanto tiempo, desde el primer día que vine al Señor, hasta ahora, haciendo lo mismo.

Y mi respuesta es muy simple y me gustaría regalártela: Por el fundamento que Dios me dio, por la formación que tuve.

Y veo que los ministros jóvenes no están dispuestos a pagar ese precio. Si no es en las grandes ciudades, en los grandes auditorios o ante multitudes, no quieren ir a los ranchos, a los pueblos, y yo creo que se la están perdiendo, perder de ganar algo que yo gané al pasar por ese principio de formación que tuve.

Ya no se tiene en cuenta la importancia de templar el acero. Toda prueba es vista como carbón que quema y no como fuego que limpia. Se tiene miedo a que quede la marca, en vez de que te temple.

Solo te digo que Él te cuidará como lo hizo conmigo y mi familia durante toda mi vida.

Me observo cada mañana en los bellos y dulces ojos de Anita y encuentro que Dios me ha dado paz.

Y en su sonrisa descubro a Jesús mismo diciéndome: «Buen siervo fiel has sido. Sobre poco has sido fiel, sobre mucho te pondré».

Epílogo del biógrafo

He viajado a Tucson, Arizona, para pasar tiempo con él y su familia y conocer no solo su obra musical sino sus obras.

En medio de las montañas y el desierto que maravillan mis ojos, pensé: «¡Qué bueno sería que la gente conociera a este hombre!»

Cumple 50 años en la música como un ferviente adorador y vive cada día como el primero y no como el último.

Todas las mañanas a las 5:30 se levanta a hacer sus devocionales para vivir desde temprano en la presencia del Señor.

Me contaba que comenzó con la guitarra a los 7 años. Apenas aprendió, practicaba todo el día y dormía con su guitarra. Y quise compartirte esta experiencia: Él dormía desde pequeño con su pasión. Mientras que hay niños que duermen con lo que juegan, con sus muñecas o con sus pelotas de fútbol, Manuel dormía con su guitarra. Abrazado a su pasión.

Hoy puede ser el día, esta puede ser la semana, ¡hoy puedes elegir vivir la vida abrazado a tu pasión! ¿Hace cuánto que no te abrazas a aquello que te hacía soñar? No permitamos más que la rutina nos coma, que los pensamientos sin fruto nos tomen, que las personas con críticas y malos modos nos gobiernen. ¡Que lo haga la pasión!

ABRAZADO A SU PASIÓN

Relataba Don Manuel cómo, de pequeño, iba por los pueblos del campo en México, algunos de ellos de veinte o treinta casas y entraba con su trompeta llamando la atención para luego sacar su guitarra y cantar himnos y cánticos espirituales. Y cómo cientos de miles conocieron la verdadera vida, la vida eterna, porque alguna vez fueron impactados por su voz o sus melodías. Iba solo. Sin compañía. Como un trovador de la alegría, del poder que se manifestaba más y más, como el cartero anunciando la llegada del más grande mensaje. Y entraba a lo desconocido con su trompeta. Me lo imagino... haciendo ruido. No creo que entrara a lo desconocido cabizbajo y meditabundo, sino con la frente en alto, con el rostro sonriente, con el éxito asegurado, porque el Señor viajaba con él. Lindo ejemplo para vivir. Dejar de mirar con dudas lo desconocido y caminar erguidos por la vida. Entrar a los pueblos de los desafíos con la trompeta en la mano, a la espera que las oportunidades vengan a ti y puedan escucharte. Basta de pasar solo por la vida sin que nadie te oiga. Haz ruido. Duerme con tu pasión. Atrévete a ser una posibilidad para los otros y para ti mismo.

«PRONTO SERÁ DE DÍA»

También me ha dicho cómo eligió prepararse para servir a Dios más efectivamente. Y que alguna de esas noches, en un catre con solo una manta y el frío de visita, las gotas condensadas en el metal del techo caían sobre él. Pero nunca una queja. Se decía: «Pronto será de día».

Otra gran experiencia.

Si estás en esta situación te digo: «¡Pronto será de día!»

No temas ni te quejes por la noche, mira lo que viene que Dios hará el resto.

No seas de aquellos que ante la presión son tomados por las circunstancias, y que ante la primera gota de angustia sobre sus mentes corren hacia la esclavitud.

Hoy es el primer día del resto de nuestras vidas.

Aprendamos de un hombre que, a pesar de haber llegado ya a la otra orilla, está construyendo un puente para que otros pasen.

Que este libro te haya servido para elegir abrazar tu pasión, tocar la trompeta y entrar en los pueblos desconocidos de los desafíos de la vida con el rostro erguido y que si tienes circunstancias que no son de bendición recuerda que la mañana está viniendo.

Podemos ser diferentes en un mundo indiferente y amar hasta el inamable.

Aprendamos de este hombre y seguramente hoy comenzará un tiempo especial.

Ya sé por qué Dios quería su obra escrita.

Para que tú te reflejes en ella. Para que tú sepas que no importa donde naciste o quien hayas sido puedes tocar el corazón de una generación con tu talento.

Él lo hizo porque confió en Dios y se comprometió a ser lo que Dios lo llamó a ser.

Tú también puedes lograrlo.